JN069773

本当にスコアが上がる
900点レベルの良問93問

TOEIC® L&R TEST
長文読解問題集

野村知也
Nomura Tomoya

Jリサーチ出版

はじめに

TOEIC® L&Rテストで900点を突破するために必要な読解力、語彙力、試験力を効率よく身に付ける

本書はTOEIC® L&Rテストの長文読解パートであるPart 7を攻略するための対策書です。900点を突破するために必要なスキルを効率よく身に付けていただくために、本番のPart 7よりも問題数の多い26セット93問で構成されています。

Part 7はTOEIC® L&Rテストの中で最も読解力が試されるパートです。普段、漠然とPart 7の演習問題を解いて、結果に一喜一憂して学習を終わらせているようでは、いつまでたってもスコアアップは望めません。解法のポイントを意識しながら問題に取り組み、解説から正解に至る思考プロセスを学び、そのスキルが自分のものになるまで繰り返し復習することが大事です。

本書では、それを可能にする様々な工夫を施しています。問題を解く前に**「キーワードをチェック」**で語彙を確認し、**「意識すべきポイントをチェック」**で事前にどのようなアプローチで解答すべきか確認してから実際の問題に取り組むことで、Part 7の解法を効率良く身に付けることができるようになっています。**「3ステップ解説」**では、正解を導くための思考プロセスを3段階に分けてわかりやすく説明しています。また、本文と選択肢の間のパラフレーズ（表現の言い換え）や、他の選択肢が不正解になる理由を学びながら論理的思考力が自然と鍛えられるようになっています。さらに**「スコアアップのポイント」**では、スコアアップに役立つさまざまな知識

を学ぶことができます。

各ページの上部にある**「ミニクイズ」**では、本書に登場する重要フレーズをランダムにクイズ形式で予習・復習することができるようになっています。また、TOEICのための学習によって得た知識を実際のビジネスでも生かせるよう、本書に掲載されている文章からコミュニケーションに役立つ便利な表現を抜粋して**「ビジネスメールで使える表現」**、**「チャットで使える表現」**として紹介してあります。

また、復習を効率化するための工夫として、「キーワードをチェック」、「3ステップ解説」、「スコアアップのポイント」で紹介されている単語・フレーズは付属の赤シートで文字が消えるようにしてあります。「キーワードをチェック」では英→日で、「3ステップ解説」と「スコアアップのポイント」では日→英で瞬時に意味やフレーズを思い浮かべる力を養うことができます。ぜひ復習の際に役立ててください。

最後に、本書によって皆さんが読解力、語彙力、試験力を身に付け、Part 7を得点源としてTOEIC® L&Rテストで900点の壁を突破されることを心より願っています。

野村知也

目次

本書の使い方

STEP 1 語彙をチェックする

「キーワードをチェック」であらかじめ本文に登場する語彙を確認してから問題に取り組むことで、実際の文章の中で瞬発的に語句の意味を捉える力を養います。

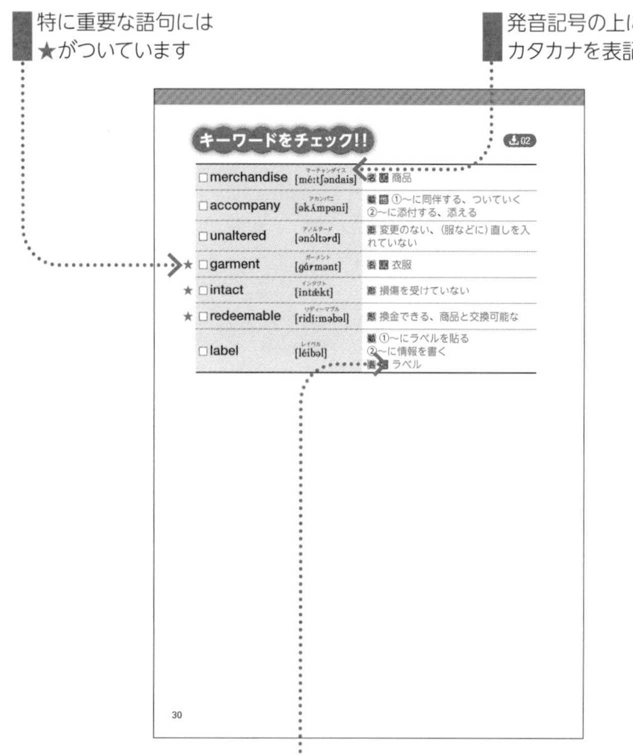

特に重要な語句には★がついています
発音記号の上にはカタカナを表記
キーワードをチェック!!
02
□merchandise マーチャンダイス [mə́ːtʃəndais] 名 C 商品
□accompany アカンパニ [əkʌ́mpəni] 動 他 ①～に同伴する、ついていく ②～に添付する、添える
□unaltered アノルタード [ənɔ́ltərd] 形 変更のない、(服などに) 直しを入れていない
★ □garment ガーメント [gɑ́rmənt] 名 C 衣服
★ □intact インタクト [intǽkt] 形 損傷を受けていない
★ □redeemable リディーマブル [ridíːməbəl] 形 換金できる、商品と交換可能な
□label レイベル [léibəl] 動 ①～にラベルを貼る ②～に情報を書く 名 ラベル
30

赤字で表記された語句は、付属の赤シートを重ねると消えるので暗記学習に活用してください

※語彙に自信のある方、本番のテストと同様に問題に臨みたい方は「キーワードをチェック」を後回しにしても構いません。

本書は、1セット（1題）ごとに正解・解説をチェックできるスタイルを採用しています。忙しい社会人の方や、他の学習にも時間を割かなければならない学生の皆さんが、**スキマ時間に効率よく学習できるように設計**されています。

【凡例】

動	動詞	他	他動詞（直後に目的語を取ることができる動詞）
		自	自動詞（直後に目的語を取ることができない動詞）
名	名詞	C	可算名詞（数えられる名詞）
		UC	不可算名詞（数えられない名詞）
		単	常に単数形で使う名詞
		複	常に複数形で使う名詞
		集	集合名詞（同じ種類のものがいくつか集まった1つの集合体を表す名詞）

代名	代名詞	代わりに名を表す詞（ことば）
形	形容詞	名詞を形容する詞（ことば）
副	副詞	動詞、形容詞、副詞、文などに意味を副える詞（ことば）
前	前置詞	名詞の前に置かれる詞（ことば）
接	接続詞	文と文を接続する詞（ことば）

同	同義語	同じ意味を持つ語句
類	類義語	近い意味を持つ語句
関	関連語	関連する語句
反	反意語	反対の意味を持つ語句

注 注意点

参 参考情報

STEP 2 解法のポイントをチェックする

「意識すべきポイントをチェック」で事前に解法のポイントを押さえたうえで問題に臨むことで、**本番のテストで効率よく解答できる試験力**を養います。

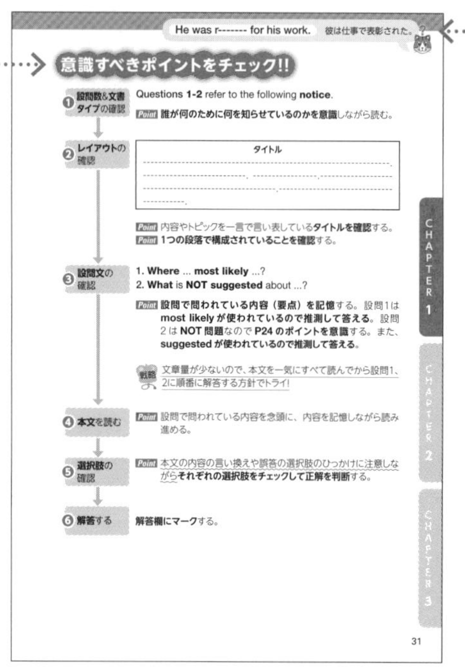

He was r------- for his work.
彼は仕事で表彰された。
意識すべきポイントをチェック!!
1 設問数&文書タイプの確認
Questions 1-2 refer to the following notice.
Point 誰が何のために何を知らせているのかを意識しながら読む。
2 レイアウトの確認
タイトル
Point 内容やトピックを一言で言い表しているタイトルを確認する。
Point 1つの段落で構成されていることを確認する。
3 設問文の確認
1. Where ... most likely ...?
2. What is NOT suggested about ...?
Point 設問で問われている内容（要点）を記憶する。設問1はmost likelyが使われているので推測して答える。設問2はNOT問題なのでP24のポイントを意識する。また、suggestedが使われているので推測して答える。
戦略 文章量が少ないので、本文を一気にすべて読んでから設問1、2に順番に解答する方針でトライ!
4 本文を読む
Point 設問で問われている内容を念頭に、内容を記憶しながら読み進める。
5 選択肢の確認
Point 本文の内容の言い換えや誤答の選択肢のひっかけに注意しながらそれぞれの選択肢をチェックして正解を判断する。
6 解答する
解答欄にマークする。
CHAPTER 1
CHAPTER 2
CHAPTER 3
31

「ミニクイズ」では、本書に登場する重要フレーズがランダムに出題され、予習復習に効果的！（次のページですぐに正解を確認できるのもポイント）

STEP 3 問題を解く

目標タイムを目安に時間を計りながら問題を解くことで、**本番のテストで解答ペースを意識して解くタイムマネジメント力**を養います。

前のページの「ミニクイズ」の正解はこちらに！

He was **recognized** for his work.

目標タイム②分

Questions 1-2 refer to the following notice.

03

Trend Wind Return Policy

If you are not completely satisfied with your purchase from Trend Wind, just return it for an exchange or full refund within 30 days of purchase. All returned merchandise must be accompanied by an original receipt. In addition, items must be undamaged, unaltered, and have all garment tags intact. Refunds will be made in the form of reverse credit card payment, in-store credit, or cash. In-store credit is redeemable for 90 days. Visit Trendwind.com/returns for more details.

32

ダウンロードできる（→ P12 参照）音声のトラック番号です

※ 3 ステップ解説ページに印刷されている正解が透けて見えないよう、設問ページの次のページに付属の赤シートを差し込んだ状態で問題を解くことをお勧めします。

STEP 4 解説を読んで答え合わせをする

「3ステップ解説」を読んで、
読解力のベースとなる論理的思考力を養います。

3ステップ解説とは…

STEP1 設問で問われている内容を正しく理解する
STEP2 本文の中から正解の根拠となる箇所を見つける
STEP3 内容の言い換え（パラフレーズ）を見抜いて正解を選ぶ

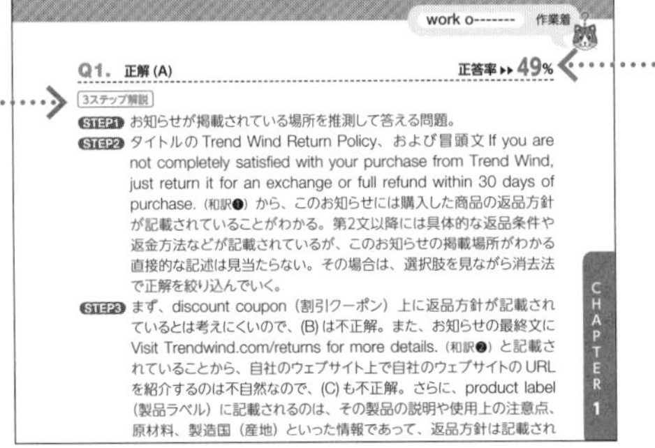

work o------- 作業着

Q1. 正解 (A) 正答率 ▸▸ 49%

3ステップ解説

STEP1 お知らせが掲載されている場所を推測して答える問題。

STEP2 タイトルの Trend Wind Return Policy、および冒頭文 If you are not completely satisfied with your purchase from Trend Wind, just return it for an exchange or full refund within 30 days of purchase.（和訳❶）から、このお知らせには購入した商品の返品方針が記載されていることがわかる。第2文以降には具体的な返品条件や返金方法などが記載されているが、このお知らせの掲載場所がわかる直接的な記述は見当たらない。その場合は、選択肢を見ながら消去法で正解を絞り込んでいく。

STEP3 まず、discount coupon（割引クーポン）上に返品方針が記載されているとは考えにくいので、(B) は不正解。また、お知らせの最終文に Visit Trendwind.com/returns for more details.（和訳❷）と記載されていることから、自社のウェブサイト上で自社のウェブサイトの URL を紹介するのは不自然なので、(C) も不正解。さらに、product label（製品ラベル）に記載されるのは、その製品の説明や使用上の注意点、原材料、製造国（産地）といった情報であって、返品方針は記載され

CHAPTER 1

TOEIC学習者によるモニターテストから算出した正解率。難易度の目安に

STEP 5 スコアアップに役立つ知識を身に付ける

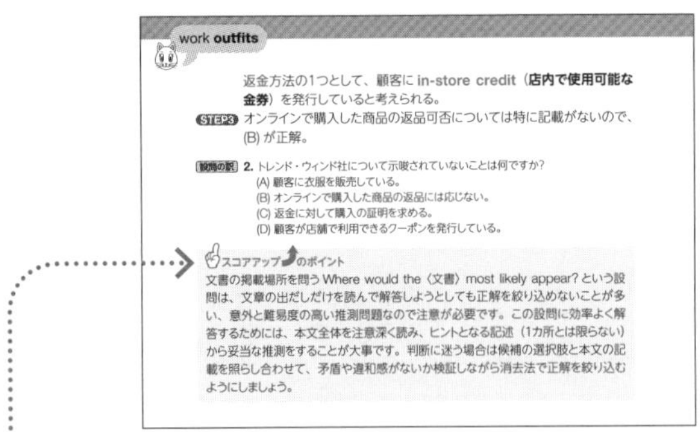

work **outfits**

返金方法の1つとして、顧客に **in-store credit**（**店内で使用可能な金券**）を発行していると考えられる。

STEP3 オンラインで購入した商品の返品可否については特に記載がないので、(B) が正解。

設問の訳 **2.** トレンド・ウィンド社について示唆されていないことは何ですか?
(A) 顧客に衣服を販売している。
(B) オンラインで購入した商品の返品には応じない。
(C) 返金に対して購入の証明を求める。
(D) 顧客が店舗で利用できるクーポンを発行している。

スコアアップのポイント
文書の掲載場所を問う Where would the〈文書〉most likely appear? という設問は、文章の出だしだけを読んで解答しようとしても正解を絞り込めないことが多い、意外と難易度の高い推測問題なので注意が必要です。この設問に効率よく解答するためには、本文全体を注意深く読み、ヒントとなる記述（1カ所とは限らない）から妥当な推測をすることが大事です。判断に迷う場合は候補の選択肢と本文の記載を照らし合わせて、矛盾や違和感がないか検証しながら消去法で正解を絞り込むようにしましょう。

「スコアアップのポイント」を読み、TOEICという観点で大事な知識を雪だるま式に身に付け、**語彙力**、**試験力**に更に磨きをかけます。

STEP 6 チェックボックスにチェックを付ける

各設問の下に○△×のチェックボックスが3回分あります。自信を持って正解できた場合は○、勘で選んで正解した場合は△、不正解だった場合は×にそれぞれチェックを付け、復習に役立てましょう。

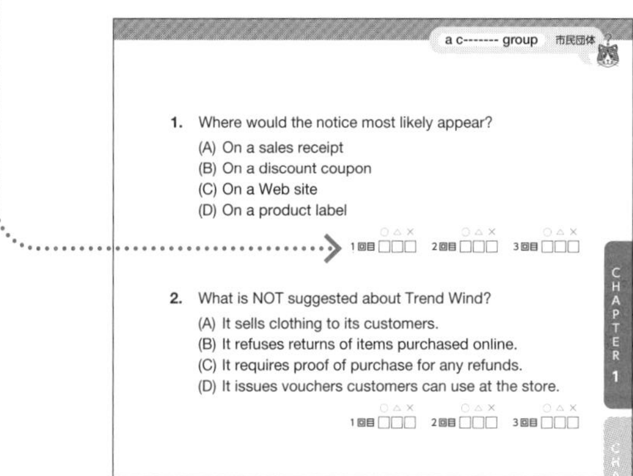

a c------- group 市民団体
1. Where would the notice most likely appear?
(A) On a sales receipt
(B) On a discount coupon
(C) On a Web site
(D) On a product label
1回目 ○△× 2回目 ○△× 3回目 ○△×
2. What is NOT suggested about Trend Wind?
(A) It sells clothing to its customers.
(B) It refuses returns of items purchased online.
(C) It requires proof of purchase for any refunds.
(D) It issues vouchers customers can use at the store.
1回目 ○△× 2回目 ○△× 3回目 ○△×
CHAPTER 1

STEP 7 繰り返し復習する

STEP 6でチェックマークを付けた問題を中心に、
期間を空けて3回解くことで**知識の定着**を図ります。

また、「キーワードをチェック」、「3ステップ解説」、「スコアアップのポイント」で紹介されている語句を赤シートで隠して、
語句の意味や大事なフレーズを繰り返しチェックしてください。

本書を常に鞄の中に入れて持ち歩き、
ランダムに開いた右ページ上部の**「ミニクイズ」に挑戦**して
スコアアップに欠かせないフレーズ力を鍛えましょう。

無料ダウンロードについて

◆テキストデータ

本書に収録されている「キーワードをチェック」の部分を、下記のサイトにて無料ダウンロードすることができます。復習等にお役立てください。

https://www.jresearch.co.jp/book/b591335.html

◆音声

キーワードをチェック（英語→日本語）および問題文（英語のみ）の音声が無料でダウンロードできます。ダウンロードの方法は、以下のとおりです。

STEP 1 **商品ページにアクセス！　方法は次の3通り！**

QRコードを読み取ってアクセス。

ダイレクトにアクセス

2 https://www.jresearch.co.jp/book/b591335.html **を入力してアクセス。**

ダイレクトにアクセス

3 Jリサーチ出版のホームページ（https://www.jresearch.co.jp/）**にアクセスして、「キーワード」に書籍名を入れて検索。**

ホームページから商品ページへ

STEP 2 **ページ内にある「音声ダウンロード」ボタンをクリック！**

STEP 3 **ユーザー名「1001」、パスワード「25342」を入力！**

STEP 4 **音声の利用方法は2通り！　学習スタイルに合わせた方法でお聴きください！**

「音声ファイル一括ダウンロード」より、ファイルをダウンロードして聴く。

▶ボタンを押して、その場で再生して聴く。

※ダウンロードした音声ファイルは、パソコン・スマートフォンなどでお聴きいただくことができます。一括ダウンロードの音声ファイルは .zip 形式で圧縮してあります。解凍してご利用ください。ファイルの解凍が上手く出来ない場合は、直接の音声再生も可能です。

音声ダウンロードについてのお問合せ先
toiawase@jresearch.co.jp（受付時間：平日9時～18時）

Part 7の問題構成＆攻略法はこれだ！

● Part7 の問題構成

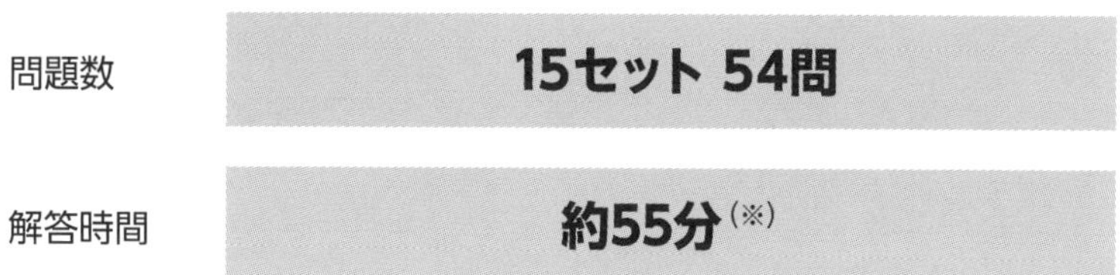

問題数	**15セット 54問**
解答時間	**約55分**(※)

※リーディングセクションの解答時間75分からPart5、6にかかる約20分を差し引いた時間

マルチプルパッセージ（MP）

シングルパッセージ（SP）（文書が１つ）	ダブルパッセージ（DP）（文書が２つ）	トリプルパッセージ（TP）（文書が３つ）
10セット29問	２セット10問	３セット15問

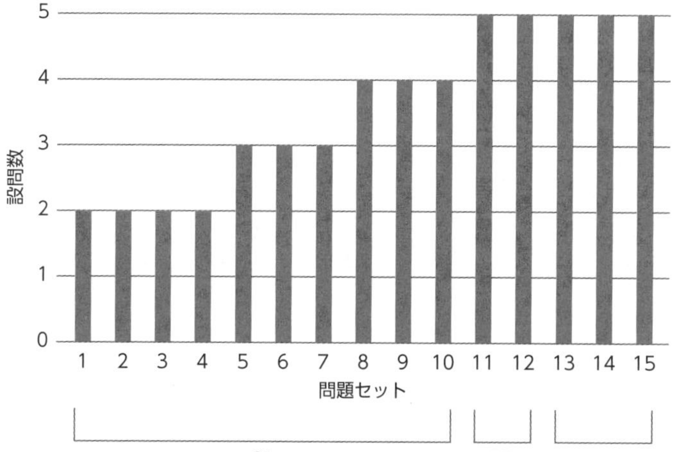

問題セット	1	2	3	4	5	6	7	8	9	10	11	12	13	14	15
設問数	2	2	2	2	3	3	3	4	4	4	5	5	5	5	5
	SP										DP		TP		

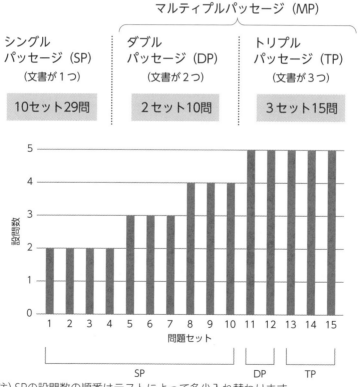

（注）SPの設問数の順番はテストによって多少入れ替わります

● Part7 の文書タイプと設問タイプ

Part 7 の問題は全て、文書タイプと設問タイプの組み合わせで考えることができます。

文書タイプ × **設問タイプ**

「文書タイプ」とは、各問題セットの一番上に記載される、文書の種類を表す語句のことです。**文書タイプによって本文を読む前に意識すべきポイントが異なる**ので、必ず最初にチェックするようにしてください。

例

Questions 147-148 refer to the following notice.

文書タイプ
＝ notice（お知らせ）

タイトル

-----------------------------.-----------------------.-----------
----------------.------------------------------.

「設問タイプ」とは、それぞれの設問を内容に応じてカテゴリ分けしたものです。**設問タイプによって情報を読み取る上でのアンテナの張り方が変わってくる**ので、先に設問をチェックしてから本文を読み進めるようにしましょう。

例

147. What is the purpose of the notice?

(A) -----------------------------
(B) -----------------------------
(C) -----------------------------
(D) -----------------------------

設問タイプ
＝話題・目的を問う問題

● Part7 に出題される主な文書タイプと意識すべき点

❶ e-mail：メール

Part 7 に登場する文書の約1／4を占めます。内容は仕事に関する連絡、出張の手配、求人への応募、寄付の依頼など多岐にわたります。**誰がどんな目的で誰に対してメールを出しているのか意識しながら読む**ことが大事ですので、**必ず最初にヘッダー情報と署名をチェックする**ようにしてください。

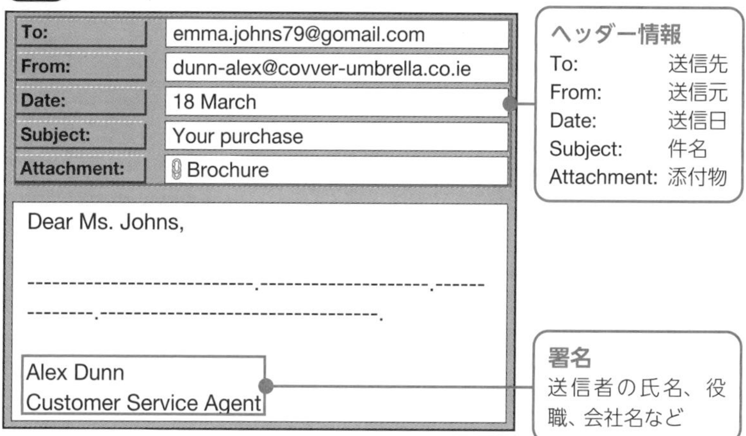

To: emma.johns79@gomail.com
From: dunn-alex@covver-umbrella.co.ie
Date: 18 March
Subject: Your purchase
Attachment: Brochure
Dear Ms. Johns,
Alex Dunn
Customer Service Agent
ヘッダー情報
To: 送信先
From: 送信元
Date: 送信日
Subject: 件名
Attachment: 添付物
署名
送信者の氏名、役職、会社名など

【送信先と送信元の記載】

送信先と送信元の記載は、メールによって以下の５つのケースに分かれます。

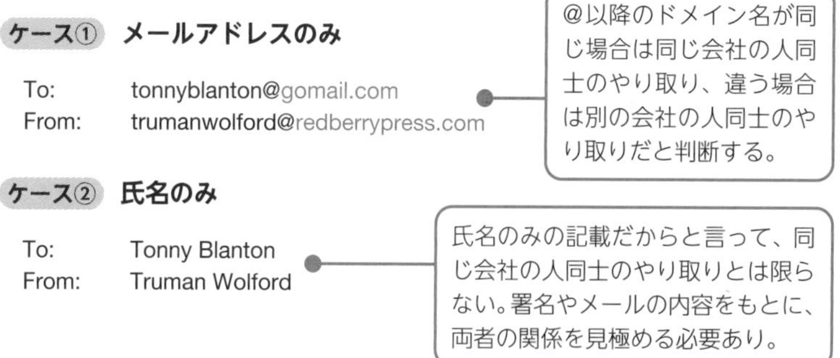

ケース① メールアドレスのみ
To: tonnyblanton@gomail.com
From: trumanwolford@redberrypress.com
@以降のドメイン名が同じ場合は同じ会社の人同士のやり取り、違う場合は別の会社の人同士のやり取りだと判断する。
ケース② 氏名のみ
To: Tonny Blanton
From: Truman Wolford
氏名のみの記載だからと言って、同じ会社の人同士のやり取りとは限らない。署名やメールの内容をもとに、両者の関係を見極める必要あり。

ケース③ **氏名＋メールアドレス**

To: Tonny Blanton <tonnyblanton@gomail.com>
From: Truman Wolford <trumanwolford@redberrypress.com>

ケース④ **グループ名や部署名など**

To: All Staff
From: Personnel Department

送信先にグループ名が記載されている場合は、そのグループに属する複数の人に対してメールが送信されていることを意識する。

ケース⑤ **氏名＋役職名**

To: All Geo Technologies Employees
From: Truman Wolford, Office Manager

【添付ファイルに注意！】

Part 7では、**添付ファイルに関する設問がよく出題されます**。文書タイプがe-mailの場合はまずヘッダーで添付ファイルの有無を確認するようにしましょう。添付ファイルが存在する場合は、本文でPlease find attached ～.（添付の～をご確認ください）や、～ is attached.（～が添付されています）といった記載に注意してください。

また、本文でウェブサイトを参照するよう案内されることもよくあります。その場合は**誰が何のためにウェブサイトを参照するよう促されているのかを読み取ろうと意識する**ことが大事です。

❷ article：記事

記事は Part 7 の中盤から終盤にかけてよく登場します。内容は企業合併の話や町の紹介、店主やアーティストの経歴紹介など多岐にわたります。**ストーリーを追うことが大事**ですので、パラグラフ（段落）ごとに頭の中で内容を整理しながら読み進めるようにしましょう。少し難しめの語句が登場することもありますが、**知らない単語が出てきた場合は文脈から推測して意味を補う**ようにしましょう。ただし、本番で知らない単語があまりにも多すぎて全く歯が立たないと感じたら、諦めて次のセットに進む方が賢明です。

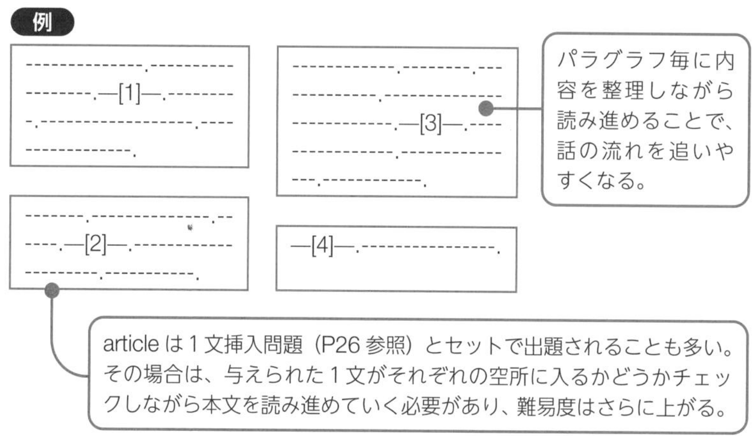

例
--------------.-----------
--------.—[1]—.---------
-.------------------.----
-------------.
-------.--------------.--
----.—[2]—.------------
---------.-----------.
------------.---------.---
----------.---------------
------------.—[3]—.----
------------.------------
---.------------.
—[4]—.----------------.
パラグラフ毎に内容を整理しながら読み進めることで、話の流れを追いやすくなる。
article は 1 文挿入問題（P26 参照）とセットで出題されることも多い。その場合は、与えられた 1 文がそれぞれの空所に入るかどうかチェックしながら本文を読み進めていく必要があり、難易度はさらに上がる。

❸ Web page：ウェブページ

ウェブページで紹介されるのは、主に会社やお店のサービスです。**タブに書かれている情報が正解のヒントになる**こともあります。タブが表示されている場合は必ず確認するようにしましょう。

例

http://www.bestsupplies.com

Auto Parts	Equipment	Reviews	Contact Us

選択されているタブ

タブ

❹ advertisement：広告

広告の内容はお店の商品やサービスの紹介、人材募集などです。**誰が何のために広告を出しているのかを意識しながら読む**ことが大事です。２大トピックである商品・サービス広告と求人広告においてそれぞれ意識すべきポイントを以下に挙げます。

商品・サービス広告

- 広告されている商品・サービスは何か
- 商品・サービスの特長は何か
- お得な情報（割引など）は案内されているか

求人広告

- 募集している職は何か
- 必須条件は何か
- 優遇条件は何か
- 応募書類（要提出物）は何か
- 応募先はどこか
- 応募期限はいつか

❺ letter：手紙

内容はイベントへの招待、契約に関するお知らせ、申請承認の通知などです。**誰がどんな目的で誰に対して手紙を出しているのかを意識する**ことが大事です。必ず最初にレターヘッド、宛先、署名をチェックするようにしましょう。

例

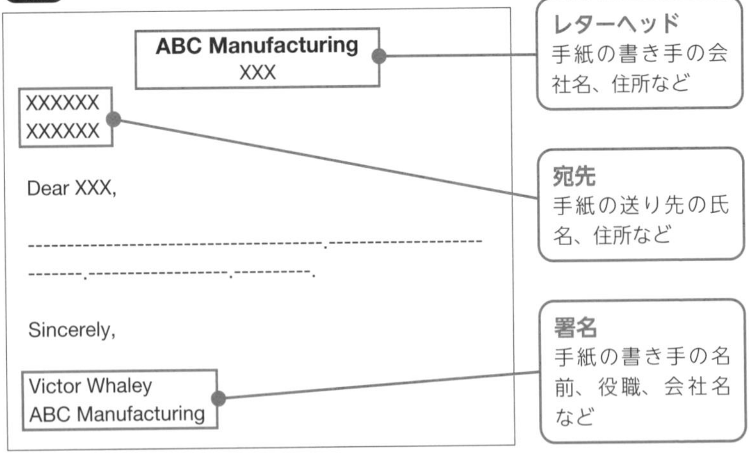

ABC Manufacturing
XXX

XXXXXX
XXXXXX

Dear XXX,

-----------------------------------.--------------------
--------.-----------------.----------.

Sincerely,

Victor Whaley
ABC Manufacturing

レターヘッド
手紙の書き手の会社名、住所など

宛先
手紙の送り先の氏名、住所など

署名
手紙の書き手の名前、役職、会社名など

❻ text-message chain：テキストメッセージのやり取り

スマートフォンまたはタブレットコンピューター上でのメッセージのやり取りです。会社の同僚同士による1対1のやり取りが多いということを覚えておきましょう。

テキストメッセージのやり取りでは、以下の3つの点を意識しながら読むことが大事です。

①**やり取りの内容**（トピック）
②**やり取りしている人たちの職業と関係性**（上司と部下など）
③**意図問題**（P25 参照）**の該当箇所**（タイムスタンプと書き込み）

例

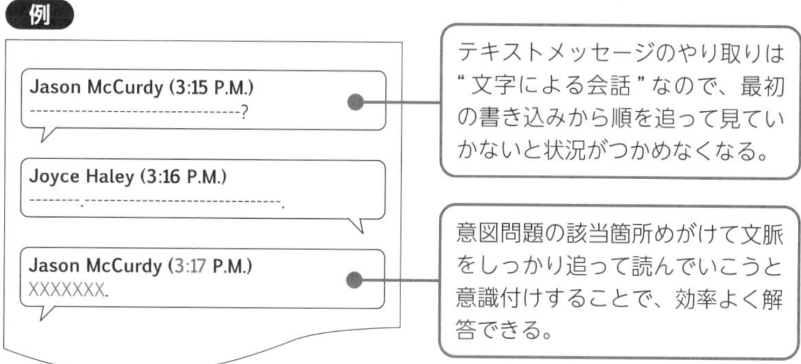

Jason McCurdy (3:15 P.M.)
--------------------------------?
Joyce Haley (3:16 P.M.)
--------.------------------------------.
Jason McCurdy (3:17 P.M.)
XXXXXXX.
テキストメッセージのやり取りは“文字による会話”なので、最初の書き込みから順を追って見ていかないと状況がつかめなくなる。
意図問題の該当箇所めがけて文脈をしっかり追って読んでいこうと意識付けすることで、効率よく解答できる。

❼ notice：お知らせ

お知らせの内容は、店舗の改修、営業時間の変更、システムメンテナンス、イベント、求人などさまざまです。**誰が何のためにお知らせを出したのかを意識しながら読む**ことが大事です。

❽ form：フォーム

フォーム（用紙）は、用途によってアンケートフォーム、注文フォーム、応募フォーム、問い合わせフォーム、評価フォーム、コメントフォームなどに分かれます。**誰が何のためにフォームを書いたのかを意識しながら読む**ことが大事です。

⑨ online chat discussion：オンラインチャットの話し合い

主にパソコン上での3～4名によるチャットのやり取りです。内容はプロジェクトの進捗状況やTo Doの確認、プレゼンテーション資料やパンフレットのデザインなどについてのディスカッション、その他情報共有など多岐にわたります。

テキストメッセージのやり取り同様、**オンラインチャットの話し合いでは、以下の３つの点を意識しながら読む**ことが大事です。

①**やり取りの内容**（トピック）
②**やり取りしている人たちの職業と関係性**（上司と部下など）
③**意図問題**（P25参照）**の該当箇所**（タイムスタンプと書き込み）

例

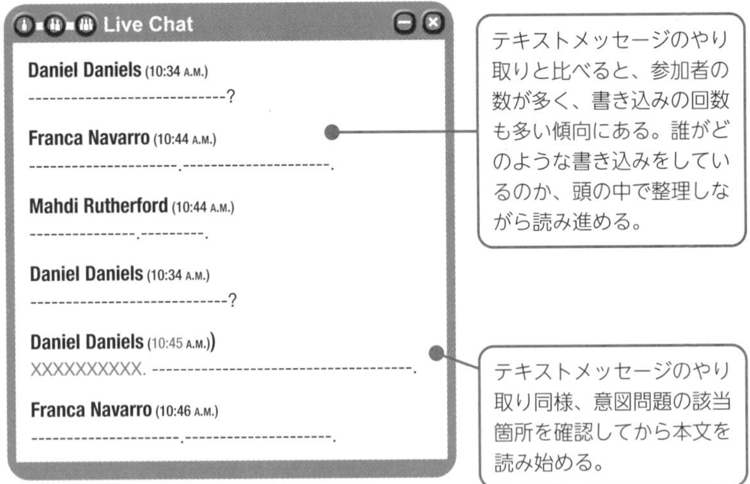
Live Chat
Daniel Daniels (10:34 A.M.)
----------------------------?
Franca Navarro (10:44 A.M.)
--------------------.--------------------.
Mahdi Rutherford (10:44 A.M.)
---------------.---------.
Daniel Daniels (10:34 A.M.)
----------------------------?
Daniel Daniels (10:45 A.M.))
XXXXXXXXXX. -----------------------------------.
Franca Navarro (10:46 A.M.)
--------------------.--------------------.
テキストメッセージのやり取りと比べると、参加者の数が多く、書き込みの回数も多い傾向にある。誰がどのような書き込みをしているのか、頭の中で整理しながら読み進める。
テキストメッセージのやり取り同様、意図問題の該当箇所を確認してから本文を読み始める。

⑩ review：レビュー

レビューの内容は、レストランや家具店などお店に対する批評、商品に対する批評、本の批評などです。**誰が何のレビューを書いているのかを意識しながら読む**ことが大事です。特に、**満足している点、不満に思う点、改善点、要望は設問で問われやすい**ということを押さえておいてください。

● Part7 に出題される設問タイプと意識すべき点

❶ 詳細問題

本文で述べられている具体的な情報を答える問題です。**設問中のキーワードをもとに、本文の中から正解の根拠をいかに早く見つけられるかがポイント**です。多くの場合、正解の根拠は1箇所で述べられていますが、文書内で複数の情報を紐づけて解答しなければならないケースもあります。

例

---------------------------------------.------------------------------------
----------------------------. We are offering 10% off on any purchase you made on May 10. ---.

What will be offered on May 10?

(A) ------------------------------

(B) A discounted rate

(C) ------------------------------

(D) ------------------------------

設問にある May 10 や offered をキーワードに本文を読み進め、本文の記載を根拠に正解を確定させる。

❷ 推測問題

本文で述べられている情報をもとに推測して答える問題です。**正解のヒントが本文にハッキリとは書かれていないことも多く、ある程度推測して答える**必要があります。

設問に implied, suggested, most likely, probably が使われていたら推測問題です。

What is **implied** about ...?

What is **suggested** about ...?

What is **most likely** true about ...?

What is **probably** true about ...?

推測問題だからといって**自分勝手な推測は禁物**です。あくまで**本文に書かれている情報をもとに、妥当な推測をする**よう心がけてください。

例

Dear Ms. Chang

---------------------------------.--

---. Please inform all of your factory workers about the inspection. ---

--.

Who most likely is Ms. Chang?

(A) ------------------------------

(B) ------------------------------

(C) ------------------------------

(D) A factory manager

本文のこの記述から、Chang さんは工場の管理者だと推測できる。(D) が正解だ。

❸ 話題・目的を問う問題

What is the purpose of the article?（記事の目的は何ですか）や、What is the article mainly about?（主に何に関する記事ですか？）といった、文書が書かれた目的やテーマに関する問題です。文書の目的やテーマは第１段落を読めばわかることも多いですが、**大事なことは段落に関係なく正解の根拠となる記述や情報が出てくるまで読み進めること**です。

また、What is the purpose of ...?（…の目的は何ですか）と、What is a purpose of ...?（…の目的の１つは何ですか）では、意識すべき点が異なるので注意してください。

例

What is the purpose of the e-mail?　What is a purpose of the e-mail?

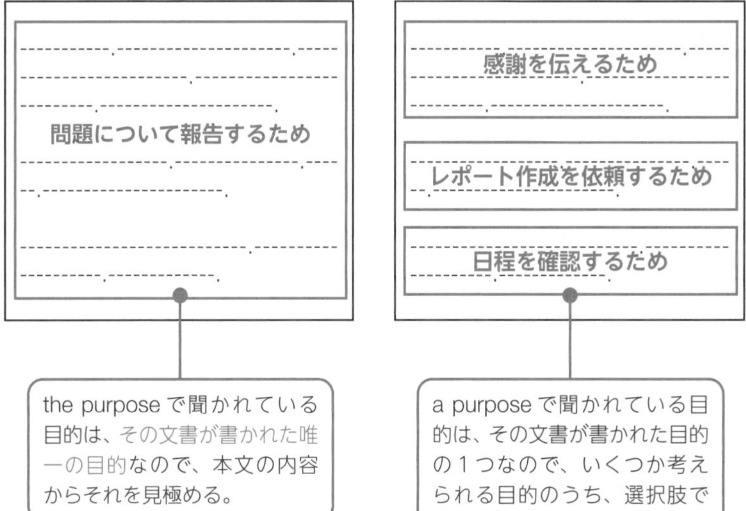

問題について報告するため
感謝を伝えるため
レポート作成を依頼するため
日程を確認するため
the purpose で聞かれている目的は、その文書が書かれた唯一の目的なので、本文の内容からそれを見極める。
a purpose で聞かれている目的は、その文書が書かれた目的の１つなので、いくつか考えられる目的のうち、選択肢で述べられているものを選ぶ。

❹ 同義語問題

指定された語句と言い換え（パラフレーズ）可能なものを選ぶ問題です。ターゲットとなる語句に複数の意味がある場合は、**その文脈での意味を特定する**ことが大事です。選んだ選択肢の語句を**実際に本文に当てはめてみて文意が成り立つか、違和感がないかをチェック**しましょう。

❺ NOT問題

大文字のNOTを含む問題です。本文と内容が合わない選択肢を１つ選びます。**本文と選択肢の照合作業**をどれだけ時間をかけずに行えるかがポイントとなります。NOT問題は、以下のように参照範囲が段落をまたぐケースと、特定の段落内に限定されるケースに分かれます。

例

①参照範囲が段落をまたぐケース

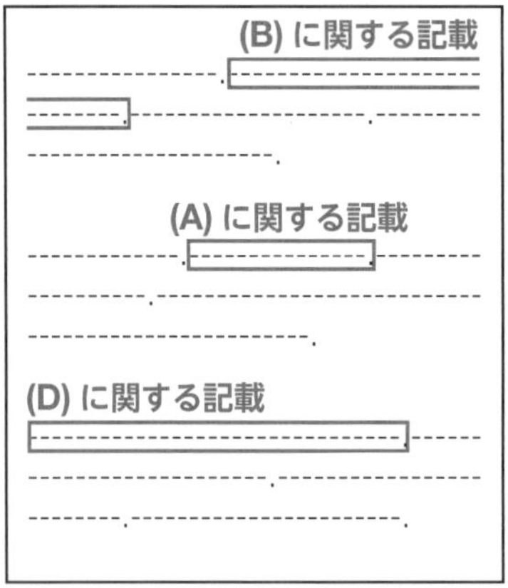

(B) に関する記載

(A) に関する記載

(D) に関する記載

189. What is NOT indicated about ...?

(A) ----------------------------.
(B) ----------------------------.
(C) ----------------------------.
(D) ----------------------------.

(A) は第２段落、(B) は第１段落、(D) は第３段落にそれぞれ記載があるので、本文に記載のない (C) が正解。

②参照範囲が特定の段落内のケース

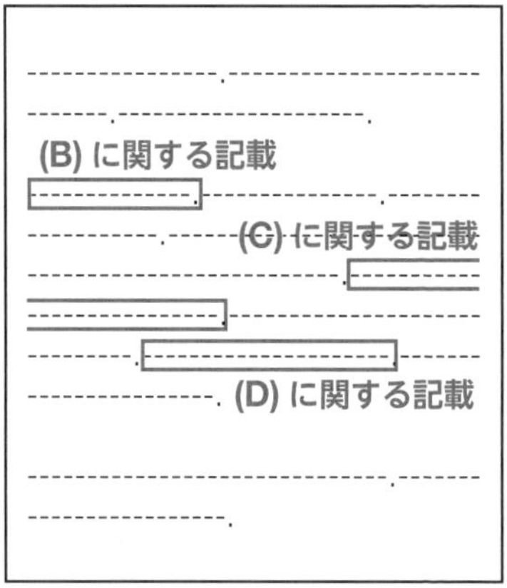

(B) に関する記載

(C) に関する記載

(D) に関する記載

189. What is NOT a requirement of ...?

(A) ----------------------------.
(B) ----------------------------.
(C) ----------------------------.
(D) ----------------------------.

(B) は第２段落１行目、(C) は第２段落3～4行目、(D) は第２段落５行目にそれぞれ記載があるので、本文に記載のない (A) が正解。

⑥ 意図問題

text-message chain と online chat discussion 特有の問題で、ある書き込みに対する書き手の意図が問われます。例えば "I got it." というコメントからは、「相手の話を理解した」「ある物を手に入れた」「ある事を成し遂げた」といった意図が考えられるため、**正解を特定するには前後の文脈を読み取る**必要があります。

例

Live Chat

Daniel Daniels (10:34 A.M.)
----------------------------------.----------------------------?

Franca Navarro (10:44 A.M.)
---------------------.-------------------------------.---------------------------.

Mahdi Rutherford (10:44 A.M.)
---.

Daniel Daniels (10:45 A.M.)
I got it. --.

Franca Navarro (10:46 A.M.)
-------------------------------.

文脈を踏まえたうえで、特に直前と直後の書き込みとの繋がりを考えて "I got it" が 表す意味を判断する。

❼ 1文挿入問題

与えられた１文を挿入する本文の適切な箇所を選ぶ問題です。**先に１文をチェックしてから本文を読み進め、[1] ～ [4] の空所が登場するたびに１文を当てはめてみて、前後とうまく文意がつながる場所を特定する**ようにしましょう。また、**正解を特定する上で大きなヒントとなるキーワードが１文に含まれていることがある**ので、それを見逃さないようにしましょう。

例

158. ------------------------------------?
(A) ---------------------------
(B) ---------------------------
(C) ---------------------------
(D) ---------------------------

159. ------------------------------------?
(A) ---------------------------
(B) ---------------------------
(C) ---------------------------
(D) ---------------------------

160. In which of the positions marked [1], [2], [3], and [4] does the following sentence best belong?

"XXXXXXXXXXXXXXXXXXXXX."

(A) [1]
(B) [2]
(C) [3]
(D) [4]

１文挿入問題の１文は、本文を読む前にチェックして、内容とキーワードを押さえる。

１文に含まれる主なキーワード

代名詞	this, that, it, they, these など
接続副詞	however（しかしながら）、for example（例えば）など
時を表す副詞	then（その時）、at that time（その時、当時）、last year など
場所を表す副詞	there（そこで） など
順序を表す副詞	then（それから、その次に）など
その他副詞	also（～もまた、同様に）など

⑧ クロスリファレンス問題

ダブルパッセージ問題とトリプルパッセージ問題だけに出題される、文書間で情報を結び付けて答える問題です。その設問がクロスリファレンス問題かどうかは見た目だけでは判断できません。**1つの文書だけでは正解が判断できないと思ったら、解答を一旦保留して残りの文書を読み進め、文書間で情報を紐づけて考える**ことが大事です。ダブルパッセージ問題では1～2問、トリプルパッセージ問題では2～3問出題されます。

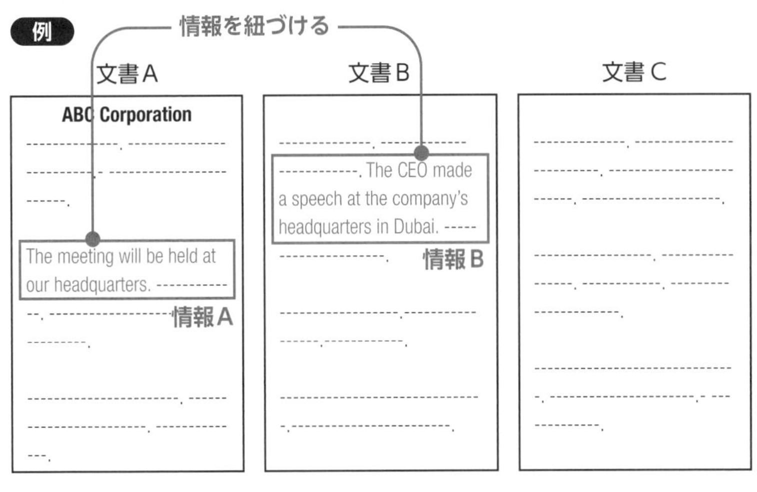

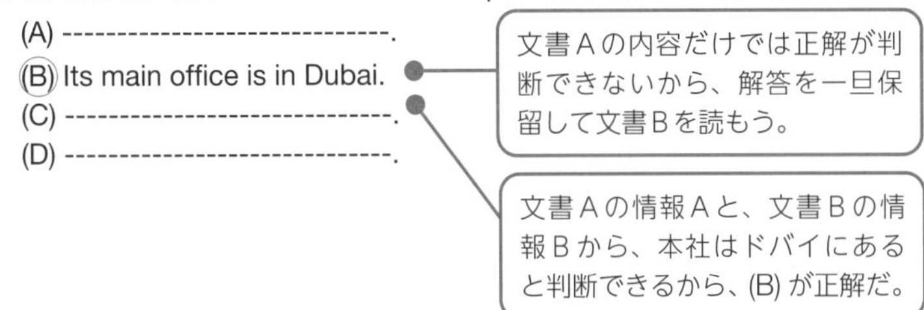

193. What is indicated about the ABC Corporation?
(A) ------------------------------.
(B) Its main office is in Dubai.
(C) ------------------------------.
(D) ------------------------------.
文書Aの内容だけでは正解が判断できないから、解答を一旦保留して文書Bを読もう。
文書Aの情報Aと、文書Bの情報Bから、本社はドバイにあると判断できるから、(B)が正解だ。

トリプルパッセージにおけるクロスリファレンスのパターンは、①文書AとB、②文書BとC、③文書AとC、④文書AとBとCの4つですが、④のパターンの出題は少ないです。

● Part7 の解法

Part 7 の問題は基本的に以下の手順で解きます。

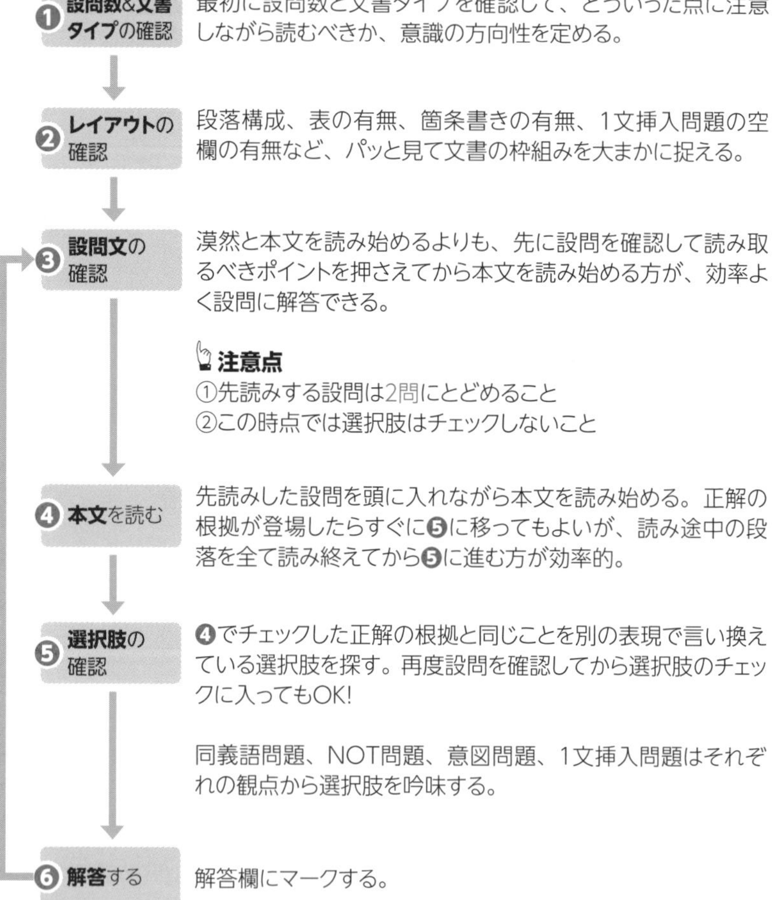

❶ 設問数&文書タイプの確認
最初に設問数と文書タイプを確認して、どういった点に注意しながら読むべきか、意識の方向性を定める。
❷ レイアウトの確認
段落構成、表の有無、箇条書きの有無、1文挿入問題の空欄の有無など、パッと見て文書の枠組みを大まかに捉える。
❸ 設問文の確認
漠然と本文を読み始めるよりも、先に設問を確認して読み取るべきポイントを押さえてから本文を読み始める方が、効率よく設問に解答できる。
注意点
①先読みする設問は2問にとどめること
②この時点では選択肢はチェックしないこと
❹ 本文を読む
先読みした設問を頭に入れながら本文を読み始める。正解の根拠が登場したらすぐに❺に移ってもよいが、読み途中の段落を全て読み終えてから❺に進む方が効率的。
❺ 選択肢の確認
❹でチェックした正解の根拠と同じことを別の表現で言い換えている選択肢を探す。再度設問を確認してから選択肢のチェックに入ってもOK!
同義語問題、NOT問題、意図問題、1文挿入問題はそれぞれの観点から選択肢を吟味する。
❻ 解答する
解答欄にマークする。

※設問数分、❸～❻を行う（❹で読む箇所（段落）は必要に応じて先に進める）

CHAPTER 1

SP

シングルパッセージ

2〜3問タイプ

キーワードをチェック!!

02

	単語	発音	意味
	□ merchandise	マーチャンダイス [mə́ːtʃəndais]	名 UC 商品
	□ accompany	アカンパニ [əkʌ́mpəni]	動 他 ①～に同伴する、ついていく ②～に添付する、添える
	□ unaltered	アノルタード [ənɔ́ltərd]	形 変更のない、(服などに) 直しを入れていない
★	□ garment	ガーメント [gɑ́rmənt]	名 UC 衣服
★	□ intact	インタクト [intǽkt]	形 損傷を受けていない
★	□ redeemable	リディーマブル [ridíːməbəl]	形 換金できる、商品と交換可能な
	□ label	レイベル [léibəl]	動 ①～にラベルを貼る ②～に情報を書く 名 C ラベル

意識すべきポイントをチェック!!

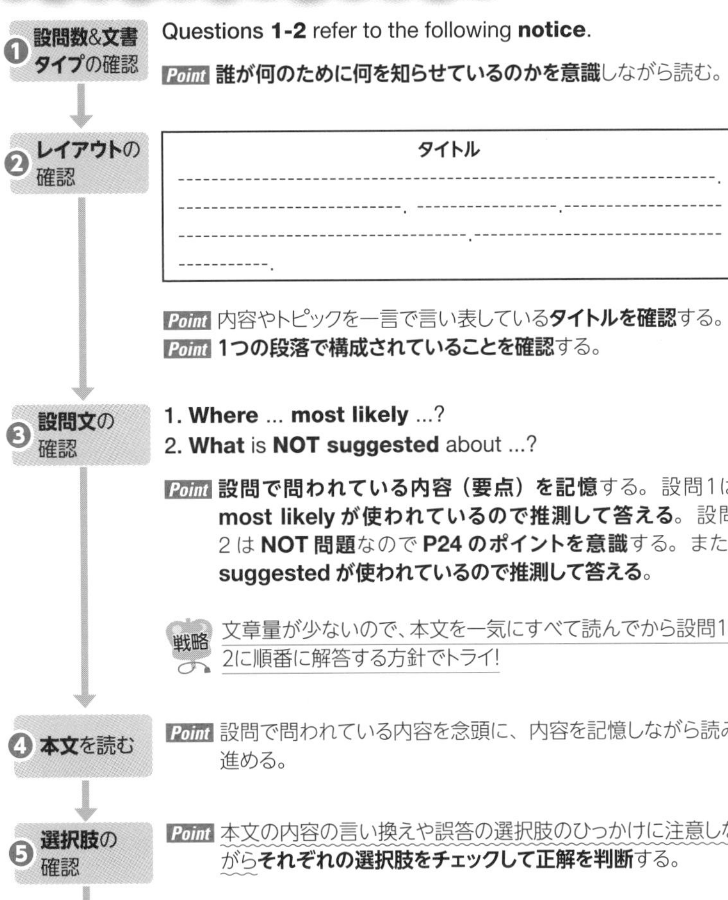

❶ 設問数&文書タイプの確認

Questions **1-2** refer to the following **notice**.

Point **誰が何のために何を知らせているのかを意識**しながら読む。

❷ レイアウトの確認

タイトル
--. ------------------------. ---------------.---------------- ----------------------------.--------------------------- -----------.

Point 内容やトピックを一言で言い表している**タイトルを確認**する。
Point **1つの段落で構成されていることを確認**する。

❸ 設問文の確認

1. **Where** ... **most likely** ...?
2. **What** is **NOT suggested** about ...?

Point **設問で問われている内容（要点）を記憶**する。設問1は**most likely が使われているので推測して答える**。設問2は**NOT 問題**なので **P24 のポイントを意識**する。また、**suggested が使われているので推測して答える**。

戦略 文章量が少ないので、本文を一気にすべて読んでから設問1、2に順番に解答する方針でトライ!

❹ 本文を読む

Point 設問で問われている内容を念頭に、内容を記憶しながら読み進める。

❺ 選択肢の確認

Point 本文の内容の言い換えや誤答の選択肢のひっかけに注意しながら**それぞれの選択肢をチェックして正解を判断**する。

❻ 解答する

解答欄にマークする。

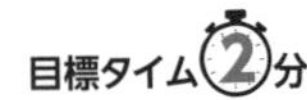

Questions 1-2 refer to the following notice. ⬇03

Trend Wind Return Policy

If you are not completely satisfied with your purchase from Trend Wind, just return it for an exchange or full refund within 30 days of purchase. All returned merchandise must be accompanied by an original receipt. In addition, items must be undamaged, unaltered, and have all garment tags intact. Refunds will be made in the form of reverse credit card payment, in-store credit, or cash. In-store credit is redeemable for 90 days. Visit Trendwind.com/returns for more details.

1. Where would the notice most likely appear?

(A) On a sales receipt
(B) On a discount coupon
(C) On a Web site
(D) On a product label

	○ △ ×		○ △ ×		○ △ ×
1回目	□□□	2回目	□□□	3回目	□□□

2. What is NOT suggested about Trend Wind?

(A) It sells clothing to its customers.
(B) It refuses returns of items purchased online.
(C) It requires proof of purchase for any refunds.
(D) It issues vouchers customers can use at the store.

	○ △ ×		○ △ ×		○ △ ×
1回目	□□□	2回目	□□□	3回目	□□□

1-2 番は次のお知らせに関するものです。

トレンド・ウィンド　返品方針

❶ご購入いただいたトレンド・ウィンドの商品にご満足いただけず交換または全額返金を希望される方は、ご購入から30日以内に商品をご返品ください。❹返品の際にはレシートの原本も送っていただく必要があります。また、❸返品いただけるのは、破損していない商品、お直しされていない商品、衣類タグがすべて付いた状態の商品に限ります。❺返金方法には、クレジットカード決済のキャンセル処理による支払い、店内で利用可能な金券のお渡し、または現金による支払いがございます。店内でご利用いただける金券は90日間有効です。❷詳細は Trendwind.com/returns をご覧ください。

Q1. 正解 (A)　正答率 ▸▸ 49%

3ステップ解説

STEP1 お知らせが掲載されている場所を推測して答える問題。

STEP2 タイトルの Trend Wind Return Policy、および冒頭文 If you are not completely satisfied with your purchase from Trend Wind, just return it for an exchange or full refund within 30 days of purchase.（和訳❶）から、このお知らせには購入した商品の返品方針が記載されていることがわかる。第2文以降には具体的な返品条件や返金方法などが記載されているが、このお知らせの掲載場所がわかる直接的な記述は見当たらない。その場合は、選択肢を見ながら消去法で正解を絞り込んでいく。

STEP3 まず、discount coupon（割引クーポン）上に返品方針が記載されているとは考えにくいので、(B) は不正解。また、お知らせの最終文に Visit Trendwind.com/returns for more details.（和訳❷）と記載されていることから、自社のウェブサイト上で自社のウェブサイトの URL を紹介するのは不自然なので、(C) も不正解。さらに、product label（製品ラベル）に記載されるのは、その製品の説明や使用上の注意点、原材料、製造国（産地）といった情報であって、返品方針は記載されないので、(D) も不正解。label と tag（札）を混同しないように注意しよう。よって、(A) が正解。海外ではレシートに返品方針が印刷されていることはよくあるということを覚えておこう。

設問の訳 **1.** このお知らせはおそらくどこに記載されていますか?

(A) レシート　(B) 割引クーポン
(C) ウェブサイト　(D) 製品ラベル

Q2. 正解 (B)　正答率 ▸▸ 59%

3ステップ解説

STEP1 Trend Wind について推測できないことを答える問題。

STEP2 NOT 問題なので、選択肢と本文の内容を照らし合わせて、本文の内容から推測できないものを1つ選ぶ。(A) については、6～7行目に items must be undamaged, unaltered, and have all garment tags intact（和訳❸）とあるので、Trend Wind は **garment**（**衣服**）を販売しているお店だと考えられる。(C) については、4～5行目の All returned merchandise must be accompanied by an original receipt.（和訳❹）に記載がある。(D) については、下から3～4行目の Refunds will be made in the form of reverse credit card payment, in-store credit, or cash.（和訳❺）から、Trend Wind は

返金方法の1つとして、顧客に **in-store credit**（**店内で使用可能な金券**）を発行していると考えられる。

STEP3 オンラインで購入した商品の返品可否については特に記載がないので、(B) が正解。

設問の訳 **2.** トレンド・ウィンド社について示唆されていないことは何ですか?
(A) 顧客に衣服を販売している。
(B) オンラインで購入した商品の返品には応じない。
(C) 返金に対して購入の証明を求める。
(D) 顧客が店舗で利用できるクーポンを発行している。

スコアアップのポイント

文書の掲載場所を問う Where would the〈文書〉most likely appear? という設問は、文章の出だしだけを読んで解答しようとしても正解を絞り込めないことが多い、意外と難易度の高い推測問題なので注意が必要です。この設問に効率よく解答するためには、本文全体を注意深く読み、ヒントとなる記述（1カ所とは限らない）から妥当な推測をすることが大事です。判断に迷う場合は候補の選択肢と本文の記載を照らし合わせて、矛盾や違和感がないか検証しながら消去法で正解を絞り込むようにしましょう。

Good work!

キーワードをチェック!!

04

	□accommodation	アカマデイシャン [əkɑmədéiʃən]	名 UC 宿泊施設 注 (米) では通例 accommodations
★	□solid	サリッド [sálid]	形 ①硬い、固体の ②確かな、信頼できる ③(ホテルの部屋が) 予約で一杯の
	□sufficient	サフィシェント [səfíʃənt]	形 十分な 同enough 反insufficient
	□progress	プラーグレス [prá:gres]	名 UC 前進、進歩
★	□decade	デケイド [dékeid]	名 C 10年(間)
	□as far as ~ is concerned		~に関するかぎり、~について言えば
	□devote A to B		AをBに捧げる
★	□adhere to ~		(ルールなど) に従う、(法律など) を順守する
★	□keep ~ posted		(人) に絶えず最新情報を伝える

意識すべきポイントをチェック!!

❶ 設問数&文書タイプの確認

Questions **3-4** refer to the following **e-mail**.

Point **誰が何のためにメールを出したのかを意識**しながら読む。

❷ レイアウトの確認

ヘッダー情報

--------------------------------------.--------------------
-------.----------------.----------------------------------.----
---------------------.

-----------------------------------.-----------------------.

--------------.

Point **ヘッダー情報を見て送受信者名、日付、件名、添付ファイルの有無を確認**する。

Point **3つの段落で構成されていることを確認**する。

❸ 設問文の確認

3. **What** is **indicated** about ...?
4. **What** ...?

Point **設問で問われている内容（要点）を記憶**する。

戦略 第1段落から第3段落まで本文を一気に読んだうえで、設問3、4に順番に解答するやり方でトライ!

❹ 本文を読む

ヘッダー情報

--------------------------------------.--------------------
-------.----------------.----------------------------------.----
---------------------. **本文をすべて読む**

-----------------------------------.-----------------------.

--------------.

❺ 選択肢の確認

Point 本文の内容の言い換えや誤答の選択肢のひっかけに注意しながら**それぞれの選択肢をチェックして正解を判断**する。

❻ 解答する

解答欄にマークする。

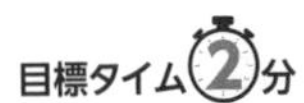

Questions 3-4 refer to the following e-mail.

05

To:	Vilgot Nordin <vnordin@palminiresorts.com>
From:	Kensa Green <kgreen@palminiresorts.com>
Subject:	Recruiting
Date:	March 5

Hi, Vilgot,

We're already booked solid from June through September in nearly all of our accommodations. This is very positive news as far as revenues are concerned, but it could leave us short on staff during our busiest season. With this in mind, we have to consider hiring temporary workers. Thus, I'd like you to contact one of the more reliable placement agencies you have been involved with and ask for staffing solutions. Ideally, the selected agency should send us individuals with sufficient experience, so that we don't have to devote much time to training.

There's just one more thing. Please update the employee guide when you have a minute. We need to make sure that it adheres to the newest safety regulations.

Please keep me posted on your progress.

Thanks,

Kensa

3. What is indicated about Palmini Resorts?

(A) It is receiving positive reviews from customers.
(B) It runs several hotels around the world.
(C) It has used staffing firms before.
(D) It has been in business for decades.

1回目 ○△× □□□ 2回目 ○△× □□□ 3回目 ○△× □□□

4. What does Ms. Green ask Mr. Nordin to do?

(A) Lead employee training
(B) Update safety regulations
(C) Select seasonal staff
(D) Revise a corporate document

1回目 ○△× □□□ 2回目 ○△× □□□ 3回目 ○△× □□□

3-4番は次のメールに関するものです。

宛先：	ヴィルゴット・ノーディン <vnordin@palminiresorts.com>
送信者：	ケンサ・グリーン <kgreen@palminiresorts.com>
件名：	採用活動
日付：	3月5日

ヴィルゴットさん

❶6月から9月まで、既に当ホテルはほぼ全室予約で埋まっております。売り上げを考慮する限りこれは朗報ですが、繁忙期に人手不足になることが予想されます。これを踏まえ、臨時従業員の採用を検討する必要があります。❷つきましては、これまで関わったことのある信頼できる人材斡旋会社に連絡して、人材配置の問題解決を依頼してください。理想的には、研修に時間を割き過ぎないようにするために、選定された人材斡旋会社には経験豊富な方をご紹介いただきたいです。

あと1点だけお願いがあります。❸時間のあるときに就業規則を更新してください。❹就業規則は最新の安全規則に従っている必要があります。

進捗を随時ご連絡ください。

よろしくお願いいたします。

ケンサ

There's just one more thing.
（〔お伝えしたいことが〕もう1つだけあります。）

Please keep me posted on your progress.
（随時進捗状況を伝えるようにしてください。）

Q3. 正解 (C)　　正答率 ▸▸ 74%

3ステップ解説

STEP1 Palmini Resortsについて言えることを答える問題。

STEP2 ヘッダーに記載されているメールアドレスおよび、第1段落冒頭文 We're already booked solid from June through September in nearly all of our accommodations.（和訳❶）から、メールの送信者であるGreenさん、受信者であるNordinさん共にPalmini Resortsの従業員だと考えられる。Greenさんは第1段落5行目で臨時従業員の雇用について触れたあと、同段落5～8行目でNordinさんに対してThus, I'd like you to contact one of the more reliable placement agencies you have been involved with and ask for staffing solutions.（和訳❷）と、これまでやり取りのある**placement agencies**（**職業紹介所、人材会社**）の中でより信頼できる1社への連絡を依頼していることから、Palmini Resortsは過去に人材会社を利用したことがあるとわかる。

STEP3 よって、(C)が正解。placement agenciesを**staffing firms**（**人材派遣会社**）で言い換えている。第1段落冒頭文にある**be booked solid**（**予約でいっぱいの**）というフレーズは必ず押さえておきたい。

設問の訳 **3.** パルミニ・リゾートについて何が示されていますか?
(A) 顧客から好意的な評価を受けている。
(B) 世界中でいくつかのホテルを経営している。
(C) 以前人材斡旋会社を利用したことがある。
(D) 何十年も営業している。

メールアドレスのドメイン名（@以降）には、メール送受信者の勤務先の会社名が含まれていることがよくあります。ヘッダーを確認する際にメールアドレスを読み飛ばしている人もいると思いますが、特に署名欄に会社名の記載がない場合には、ドメイン名がメール送受信者の勤務先やその業種の手がかりになることもありますので、必ずチェックするようにしましょう。

Q4. 正解 (D)　　正答率 ▸▸ 48%

3ステップ解説

STEP1 Green さんが Nordin さんに依頼していることを答える問題。

STEP2 Green さんはメールの第2段落冒頭文で There's just one more thing. と前置きしたうえで、Please update the employee guide when you have a minute. (和訳❸) と、Nordin さんに従業員向けの手引書を更新するよう依頼している。

STEP3 よって、employee guide を corporate document（企業文書）と言い換えている (D) が正解。第2段落最終文に We need to make sure that it adheres to the newest safety regulations. (和訳❹) とあるが、これは最新の安全規則に従って手引書を更新するよう促しているのであって、安全規則自体を更新するよう依頼しているわけではないので、(B) は不正解。adhere to（〔ルールなど〕に従う、〔法律など〕を順守する）はTOEICに頻出するので、**adhere to the safety regulations**（**安全規則に従う**）というフレーズで押さえておこう。

設問の訳 **4.** グリーンさんはノルディンさんに何をするよう頼んでいますか?

(A) 社員研修を主導する　　(B) 安全規則を更新する
(C) 臨時職員を選定する　　(D) 企業文書を修正する

スコアアップのポイント

「ad（〜に）+ here（くっつく）」から成る adhere は、何かにぴったり付くことから「付着する、接着する」という意味を表します。TOEICでは前置詞 to を伴って、adhere to（〔ルールなど〕に従う、〔法律など〕を順守する）のかたちで登場します。名詞の adherence（順守）や adhesion（付着、接着）はTOEICではほとんど見かけませんが、adhesive（形 粘着性の、名 接着剤）は登場する可能性があるので、**adhesive tape**（**粘着テープ**）、**adhesive glue**（**接着剤**）、**waterproof adhesive**（**防水接着剤**）というフレーズで押さえておきましょう。

Keep it up!

キーワードをチェック!!

06

★	□ feature	フィーチャ [fíːtʃə]	動 他 ①～を特徴とする ②～を呼び物(目玉)にする ③～を特集する ④～を主役とする 名 C ①特徴 ②呼び物(目玉) ③特集記事
★	□ function	ファンクシャン [fʌ́ŋkʃən]	名 C UC 役割 C ①(機器などの)機能 ②行事、催し物
★	□ piece	ピース [píːs]	名 単(情報、アドバイスなどの)1つ C ①(切り分けられた)一片 ②(絵画、音楽などの)作品 ③(新聞、雑誌などの)記事
	□ fault	フォールト [fɔ́ːlt]	動 他 ～を責める(非難する) 名 C ①責任、過失 ②欠陥
★	□ incidentally	インスィデンタリィ [insədéntəli]	副 ①ちなみに、ついでに言っておくと ②ところで 同 by the way
	□ appliance	アプライアンス [əpláiəns]	名 C 電化製品
	□ upcoming	アプカミング [ʌ́pkʌmiŋ]	形 来たる、今度の
	□ ensure that ～		～を確実にする
★	□ count on ～		～をあてにする、頼りにする 同 depend on
	□ be willing to ～		～する意思がある、 ～するのをいとわない
★	□ go over ～		①～を注意深く調べる ②～をしっかり検討する
	□ right away		すぐに 同 right now

意識すべきポイントをチェック!!

❶ 設問数&文書タイプの確認

Questions **5-6** refer to the following **text-message chain**.

Point テキストメッセージのやり取りでは、以下の3つの点を意識しながら読む。
①やり取りの内容（トピック）
②やり取りしている人たちの職業と関係性（上司と部下など）
③意図問題の該当箇所（タイムスタンプと書き込み）

❷ レイアウトの確認

❸ 設問文の確認

5. **Where** ... **most likely** ...?

Point **設問で問われている内容（要点）を記憶**する。
most likely が使われているので、推測して答える。

❹ 本文を読む

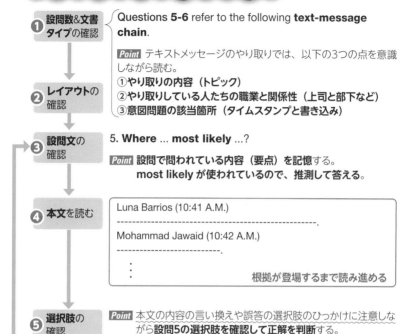

Luna Barrios (10:41 A.M.)
--.
Mohammad Jawaid (10:42 A.M.)
---------------------------.
⋮
根拠が登場するまで読み進める

❺ 選択肢の確認

Point 本文の内容の言い換えや誤答の選択肢のひっかけに注意しながら**設問5の選択肢を確認して正解を判断**する。

❻ 解答する

解答欄にマークする。

※設問6についても、同様に❸～❻を行う（❹で読む箇所は先に進める）
※書き込みの意図を問う意図問題は、**直前の誰のどのような意見・質問を受けて書き込まれているものなのかをきちんと捉える**ことが大事

6. At **10:47** A.M., what does Ms. Barrios mean when she writes, "XXXXXXXXXX"?

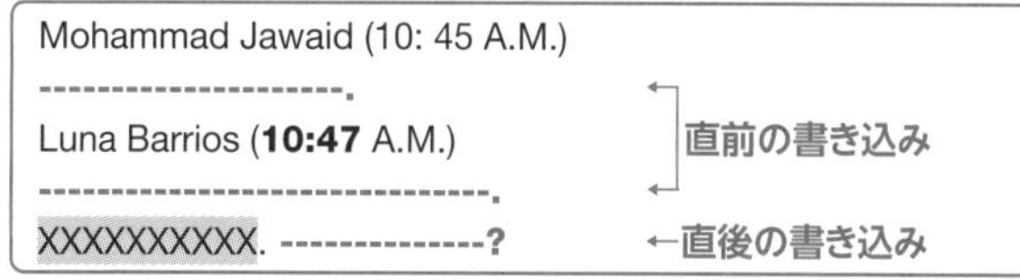

Mohammad Jawaid (10: 45 A.M.)
---------------------.
Luna Barrios (**10:47** A.M.)
--------------------------------.
XXXXXXXXXX. --------------?
直前の書き込み
←直後の書き込み

Point **文脈の中で書き込みの意図を判断する**ことが大事。

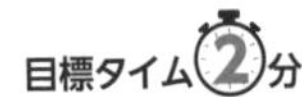

Questions 5-6 refer to the following text-message chain.

Luna Barrios (10:41 A.M.)
Mohammad, I haven't received your team's proposal for a cover feature on smartwatches.

Mohammad Jawaid (10:42 A.M.)
Friday is the deadline, isn't it?

Luna Barrios (10:43 A.M.)
It is. Still, Tina's group has already submitted theirs, and I'm afraid you're behind. Are you?

Mohammad Jawaid (10:45 A.M.)
Not at all, but I want to review all the newest functions and brands one last time to ensure that our piece includes them.

Luna Barrios (10:47 A.M.)
Well...I certainly can't fault such attention to detail. Anyway, I can hardly wait. Incidentally, this will be the first time you speak in front of the board. How do you feel?

Mohammad Jawaid (10:48 A.M.)
Confident, but a little nervous. You can count on me, though.

5. Where do the writers most likely work?

(A) At an appliance store
(B) At a printing company
(C) At a manufacturing firm
(D) At a magazine publisher

	○	△	×		○	△	×		○	△	×
1回目	□	□	□	2回目	□	□	□	3回目	□	□	□

6. At 10:47 A.M., what does Ms. Barrios mean when she writes, "I can hardly wait"?

(A) She looks forward to an upcoming conference.
(B) She is willing to postpone the deadline.
(C) She is interested in going over a proposal.
(D) She wants Mr. Jawaid to send an e-mail right away.

	○	△	×		○	△	×		○	△	×
1回目	□	□	□	2回目	□	□	□	3回目	□	□	□

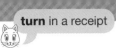

5-6番は次のテキストメッセージのやり取りに関するものです。

ルナ・バリオス（午前10時41分）
❶モハマド、スマートウォッチの巻頭特集について、あなたのチームからの提案書をまだ受け取っていません。

モハマド・ジャウェイド（午前10時42分）
締切りは金曜日ですよね？

ルナ・バリオス（午前10時43分）
はい。とは言え、ティナのチームはすでに提出していますし、予定よりも遅れているのではと心配しています。いかがですか？

モハマド・ジャウェイド（午前10時45分）
全くそんなことはないですが、❷最新の機能やブランドについて最後にもう一度見直して、それらがわれわれの記事に含まれていることを確認したいのです。

ルナ・バリオス（午前10時47分）
なるほど、❸確かに細部への気配りを責めることはできませんね。ともかく、待ち遠しいです。そういえば、取締役の前で話すのは初めてですよね。心境はいかがですか？

モハマド・ジャウェイド（午前10時48分）
自信はありますが少し緊張しています。でも、お任せください。

Q5. 正解 (D) 正答率 ▸▸ 36%

3ステップ解説

STEP1 メッセージの書き込みをしている人たちがどこで働いているのかを推測して答える問題。

STEP2 冒頭の Barrios さんの書き込み Mohammad, I haven't received your team's proposal for a cover feature on smartwatches.（和訳❶）から、Barrios さんは Jawaid さんのチームからスマートウォッチに関する **cover feature**（**表紙を飾る特集記事、巻頭特集**）の提案書が提出されるのを待っていることがわかる。その後、作業の遅れを懸念している Barrios さんに対して、Jawaid さんは午前10時45分に I want to review all the newest functions and brands one last time to ensure that our piece includes them.（和訳❷）と、自分たちのチームの記事にスマートウォッチの **the newest functions**（**最新機能**）や最新ブランド情報を含めるために念入りに確認作業をしている旨を伝えている。

STEP3 以上より、Barrios さんも Jawaid さんも出版社で働いていると考えられる。よって、(D) が正解。「(記事などの) 1つ、1本」を表す piece はTOEICに頻出するので必ず押さえておきたい。

設問の訳 5. 書き手はおそらくどこで働いていますか？
(A) 家電量販店
(B) 印刷会社
(C) 製造会社
(D) 雑誌出版社

Q6. 正解 (C) 正答率 ▸▸ 30%

3ステップ解説

STEP1 Barrios さんが "I can hardly wait" と書き込んでいる意図を答える問題。

STEP2 hardly は「ほとんど～ない」という意味を表すので、I can hardly wait. を直訳すると「私はほとんど待つことができない」だが、ここでは Jawaid さんの午前10時45分の書き込み I want to review all the newest functions and brands one last time to ensure that our piece includes them.（和訳❷）を受けて、Barrios さんは Well...I certainly can't fault such attention to detail.（和訳❸）と、Jawaid さんたちの細部へのこだわりに対して感銘を示したうえで書き込んでいることから、ここでの **I can hardly wait.** は反語的に（提案書の提出またはそれを読むことを）「**待ちきれないほど楽しみにしている、待ち遠しい**」という意味だと考えられる。

STEP3 よって、(C) が正解。**going over a proposal** は「**提案書を詳しく**

CHAPTER 1
CHAPTER 2
CHAPTER 3

見る」という意味。Jawaidさんが取締役の前で初めて話す会議を(A)のan upcoming conferenceが指して、それをBarriosさんが楽しみにしていると考えられなくもないが、**incidentally**が「**①ちなみに、ついでに言っておくと、②ところで**」という補足情報や話題転換の前置きとして使われることを考えると、I can hardly wait.は直前のやり取りを受けたI can hardly wait to go over your proposal.またはI can hardly wait for your proposal.のfragmentation（文の一部）だと考えられる。

設問の訳 **6.** 午前10時47分に、バリオスさんが「待ち遠しいです」と書いているのは何を意味しますか?

(A) 今度の会議を楽しみにしている。
(B) 締切りを延期してもよいと思っている。
(C) 提案書を詳しく見ることに興味がある。
(D) ジャウェイドさんにすぐにメールを送ってほしい。

Friday is the deadline, isn't it? (金曜日が締め切りですよね。)
Anyway, I can hardly wait. (とにかく、待ちきれないほど楽しみにしています。)
You can count on me. (任せてください。)

Good work!

キーワードをチェック!!

08

	単語	発音	意味
	□ commit	カミット [kəmít]	動 自 他 (～に) 確約する 他 ①(努力などを) ～に捧げる ②(お金などの用途) を決める ③(犯罪など) を行う
	□ warehouse	ウェアハウス [wéəhaus]	名 C 倉庫
	□ capability	ケイパビリティ [keipəbíiləti]	名 C 能力、素質
★	□ initiate	イニシエイト [iníʃieit]	動 他 (重要なことなど) を開始する
	□ in-house	インハウス [inháus]	形 社内の
★	□ versatile	ヴァーサトル [vəːrsətl]	形 ①(人が) 多才な　②(モノが) 多用途の
	□ up-to-date	アップトゥデイト [ʌp-tu-deit]	形 最新の、現代的な
	□ profile	プロウファイル [próufail]	動 他 ～の概略を述べる (書く)、～の略歴を紹介する 名 C 略歴、プロフィール
★	□ launch	ローンチ [lɔ́ːntʃ]	動 他 ①～を始める　②～を発売する 名 C 開始、発売
★	□ initiative	イニシャティヴ [iníʃətiv]	名 UC ①自発的に物事を進めていく能力 ②(問題解決のための) 計画、戦略
	□ merger	マージャー [mə́ːrdʒər]	名 C 合併
★	□ retention	リテンシャン [riténʃən]	名 UC ①保持　②記憶力
	□ numerous	ニューメラス [njúːmərəs]	形 数多くの
	□ per year		1年につき
	□ capitalize on ～		～を利用する
	□ in view of ～		～を考慮して
	□ a range of ～		さまざまな～

意識すべきポイントをチェック!!

①設問数&文書タイプの確認

Questions **7-8** refer to the following **article**.

Point **誰が何のために記事を書いたのか意識**しながら読む。

②レイアウトの確認

タイトル

------.------------------------.

-----------------------------------.-----------------------.--
---------------.-------------------------.

Point **タイトルがある場合は必ず確認**する。
Point **2つの段落で構成されていることを確認**する。

③設問文の確認

7. **What** is **the purpose** of the article?
8. **What** is **NOT suggested about** ...?

Point **設問で問われている内容（要点）を記憶**する。
設問7は **the purpose なのでP23のポイントを意識**する。
設問8は**NOT問題なのでP24のポイントを意識**する。また、**suggested が使われているので推測して答える**。

戦略 第2段落の終わりまで本文を一気に読んだうえで、設問7、8に順番に解答するやり方でトライ!

④本文を読む

タイトル

------.------------------------.
本文を全て読む
-----------------------------------.-----------------------.--
---------------.-------------------------.

Point 戦略に沿って**内容を記憶しながら**読み進める。

⑤選択肢の確認

本文の内容の言い換えや誤答の選択肢のひっかけに注意しながら**それぞれの選択肢をチェックして正解を判断**する。

⑥解答する

解答欄にマークする。

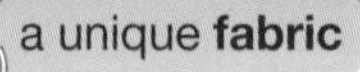

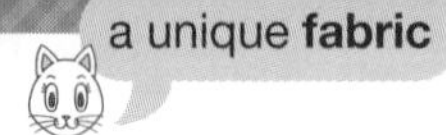

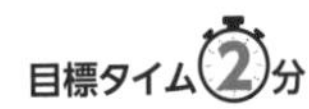

Questions 7-8 refer to the following article.

09

Kemina Foods to Upgrade Employee Skills

Garston (Sep 30) — Kemina Foods has committed $7 million to retrain its employees in areas ranging from software engineering and warehouse operation to customer service. Every Kemina Foods employee is already required to spend fifteen days on training per year, but the company feels that it should do even more to help staff capitalize on current and future technologies, as well as develop communication skills and managerial capabilities.

To that end, the firm has developed internal online courses in cooperation with the national tech and business school Shin-Cooper Institute. "Developing future-ready talent is a key priority," said Kemina Foods CEO, Nikki Singh. "In view of that, we initiated additional in-house training programs last month. I believe these will ensure that our employees have the most versatile and up-to-date skills."

7. What is the purpose of the article?

(A) To profile a highly successful business
(B) To discuss a recently launched initiative
(C) To report on a trend in the food industry
(D) To announce a corporate merger

	○	△	×		○	△	×		○	△	×
1回目	□	□	□	2回目	□	□	□	3回目	□	□	□

8. What is NOT suggested about Kemina Foods?

(A) It is keeping its employee retention rate high.
(B) It employs workers across numerous professions.
(C) It wants to keep up with the latest technologies.
(D) It encourages company staff to have a range of skills.

	○	△	×		○	△	×		○	△	×
1回目	□	□	□	2回目	□	□	□	3回目	□	□	□

7-8 番は次の記事に関するものです。

ケミナフーズ
社員の能力向上へ

ガーストン（9月30日）— ❸ケミナフーズはソフトウェアエンジニアリングから倉庫業務、顧客サービスに至るまで、幅広い分野における社員の再教育に700万ドルを投じることにした。ケミナフーズの社員は既に年間15日間の研修を受けるよう求められているが、❹同社は社員が現在や未来の技術を活用したりコミュニケーション能力や経営能力を高めることをより手助けすべきだと感じている。

❶その目的のため、同社は国内の経営技術学校であるシンクーパー学院と提携して社内向けのオンライン講座を開発した。ケミナフーズのCEOであるニッキー・シング氏は、「未来に備えて人材を育成することが最優先事項です。それを考慮して、❷先月弊社は追加の社内研修プログラムを開始しました。❺これにより社員はきわめて多彩な最先端の技術を身に付けられると確信しております」と述べた。

Q7. 正解 (B) 正答率 ▸▸ 65%

3ステップ解説

STEP1 記事が書かれた目的を答える問題。

STEP2 第1段落にはKemina Foodsが社員研修をより充実させ、スキルある社員を育成して雇い続けるために巨額の費用を投じる旨が書かれている。それを踏まえて第2段落冒頭文を見ると、To that end, the firm has developed internal online courses in cooperation with the national tech and business school Shin-Cooper Institute.（和訳❶）と、第1段落で述べた目的のためにShin-Cooper Instituteと共に社内用のオンラインコースを開発したと伝えており、その後CEOのコメントwe initiated additional in-house training programs last month（和訳❷）を紹介しているので、Kemina Foodsのこの取り組みについて伝えることが記事の目的だと考えられる。

STEP3 よって、(B)が正解。CEOのコメントにある「先月開始した社内の追加研修プログラム」を **a recently launched initiative**（**最近スタートさせた取り組み**）と言い換えている。

設問の訳 **7.** 記事の目的は何ですか?
(A) 大きな成功を遂げた事業を紹介すること
(B) 最近始めた取り組みについて詳述すること
(C) 食品業界の動向について報告すること
(D) 企業の合併について発表すること

Q8. 正解 (A) 正答率 ▸▸ 61%

3ステップ解説

STEP1 Kemina Foodsについて推測できないことを答える問題。

STEP2 NOTなので、選択肢と本文の内容を照らし合わせて、本文の内容から推測できないものを1つ選ぶ。(B)については、第1段落冒頭文 にKemina Foods has committed $70 million to retrain its employees in areas ranging from software engineering and warehouse operation to customer service.（和訳❸）とあり、Kemina Foodsがさまざまな職種の従業員を雇っていることがわかる。(C)については、第1段落6～8行目にthe company feels that it should do even more to help staff capitalize on current and future technologies（和訳❹）とあることから、最新技術についていこうとするKemina Foodsの姿勢がうかがえる。(D)については、第2段落最終文にI believe these will ensure that our employees have the most versatile and up-to-date skills.（和訳❺）とあり、**versatile skills**（**多彩なスキル**）をa range of skills（幅広いスキ

ル）で言い換えている。

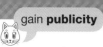

STEP3 社員の **retention rate**（**〔雇用〕定着率、維持率**）については本文に記載がなく、現在 Kemina Foods の雇用定着率が高いかどうかは不明なので、(A) が正解。第1段落冒頭文にある to retrain its employees ...（…の社員を再教育するために）の retrain と retain の混同には注意したい。

設問の訳 **8.** ケミナフーズについて示唆されていないことは何ですか?
(A) 従業員の高い定着率を維持している。
(B) さまざまな専門職の社員を雇用している。
(C) 最先端の技術についていきたい。
(D) 社員にさまざまな技術を身に付けることを推奨している。

Keep it up!

a **probationary[probation]** period

キーワードをチェック!!

10

	語句	発音	意味
★	□culinary	カリナリ [kʌ́lənəri] キューリネリ [kjúlineri]	形 料理の
	□boast	ボウスト [bóust]	動 他 ～を誇りとする、(設備など)を誇りとして持つ
★	□authentic	アーセンティック [ɑːθéntik]	形 (歴史的な観点で)本物の、本場の
★	□entrée	アントレイ [ɑ́ntrei]	名 C 主菜　同 main dish
★	□consecutive	カンセキャティヴ [kənsékjətiv]	形 連続した、立て続けの
	□vegan	ヴィーガン [víːgən]	名 C 完全菜食主義者 形 完全菜食主義の
	□preferred	プリファード [prifə́ːrd]	形 望ましい、好みの
★	□accommodate	アカマデイト [əkɑ́mədeit]	動 他 (要求など)を受け入れる、(要望など)に応える
	□entire	インタイア [intáiər]	形 全体の、全部の
★	□premises	プレミスィズ [prémisiz]	名 複 (建物を含めた)土地、(土地を含めた)建物
	□buffet	ブフェイ [búfei] バフェイ [bəféi]	名 C ビュッフェ　注 発音
	□venue	ヴェニュー [vénjuː]	名 C 会場
★	□occasion	アケイジャン [əkéiʒən]	名 C ①機会　②イベント、行事
★	□specific	スペスィフィック [spésifik]	形 ①特定の、特有の ②明確な、具体的な
★	□function	ファンクシャン [fʌ́ŋkʃən]	名 C UC 役割　C ①(機器などの)機能 ②行事、催し物
★	□cater	ケイター [kéitər]	動 自 ①料理を提供する (+ for ～) ②(要望などに)応える (+ to～) 他 (料理など)を仕出しする
	□in advance		前もって、事前に
	□fill out ～		～に記入する　同 fill in ～

意識すべきポイントをチェック!!

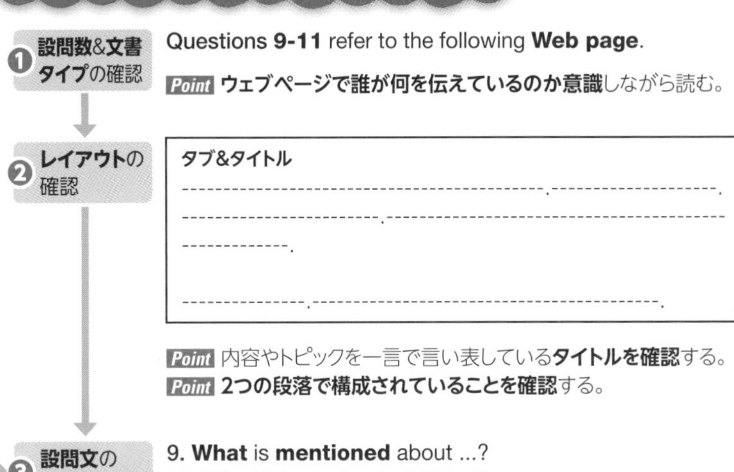

❶ 設問数&文書タイプの確認

Questions **9-11** refer to the following **Web page**.

Point **ウェブページで誰が何を伝えているのか意識**しながら読む。

❷ レイアウトの確認

タブ&タイトル

--.---------------------.
-------------------------.--
-------------.

---------------.--.

Point 内容やトピックを一言で言い表している**タイトルを確認**する。
Point **2つの段落で構成されていることを確認**する。

❸ 設問文の確認

9. **What** is **mentioned** about ...?
10. **What** information is **NOT** ...?

Point **設問で問われている内容（要点）を記憶**する（最初の2問のみ）。設問10は**NOT問題**なので**P24のポイントを意識**する。

設問内容と各段落の文章量を考慮し、第1段落を読んで設問9、10に解答できないかトライ!

❹ 本文を読む

Point 戦略に沿って本文を読み進める。読み始めた段落はできるだけ最後まで読んで選択肢の確認に移る方がよいが、段落の途中であっても、ここから先は明らかに設問10の解答の根拠となる文章だと判断できる場合は、そこでいったん読むのをやめて❺の作業に移ってもよい。

❺ 選択肢の確認

Point 本文の内容の言い換えや誤答の選択肢のひっかけに注意しながら**それぞれの選択肢をチェックして正解を判断**する。

❻ 解答する

解答欄にマークする。

※設問11についても、同様に❸～❻を行う（❹で読む段落は先に進める）

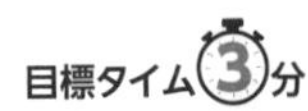

Questions 9-11 refer to the following Web page.

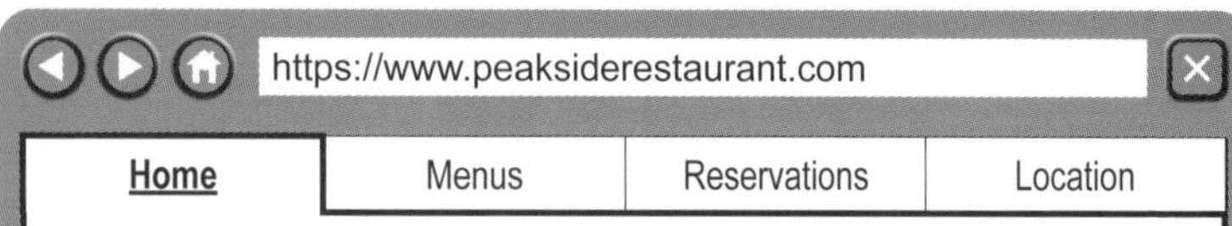

Peakside Restaurant

Make your mealtime a culinary adventure
at Peakside Restaurant!

Unique in the metropolitan area, we boast authentic Italian entrées made by chefs who have helped us win the Best Restaurant Award in Dine Well Magazine for the sixth consecutive year. For those with a strong focus on healthy eating, we offer vegan, low-carb, and gluten-free meals. To get a table, go to the Reservations tab and then fill out our reservation calendar form. Be sure to enter your contact information, preferred date, time, number of guests, and any special requests. We will send you a confirmation e-mail within 24 hours or call you if we have any questions. So that we can accommodate you, please make your reservation at least three weeks in advance.

We also rent out the entire premises for private parties and deliver premium buffets or other meal services to your residence or corporate venue. E-mail Kristal Durrani at kd@peaksiderestaurant.com to plan your next occasion.

9. What is mentioned about Peakside Restaurant?

(A) It opened in the metropolitan area six years ago.
(B) It has received an award several times.
(C) Special dietary options are available for an extra payment.
(D) Reservations should be made at least three days before an event.

	○ △ ×		○ △ ×		○ △ ×
1回目	□□□	2回目	□□□	3回目	□□□

10. What information is NOT required in the reservation form?

(A) An e-mail address
(B) The number of diners
(C) A specific date
(D) A membership number

	○ △ ×		○ △ ×		○ △ ×
1回目	□□□	2回目	□□□	3回目	□□□

11. According to the Web page, why should someone contact Ms. Durrani?

(A) To fill out a guest reservation form
(B) To modify orders that have been made
(C) To have a private function catered
(D) To apply for special discounts

	○ △ ×		○ △ ×		○ △ ×
1回目	□□□	2回目	□□□	3回目	□□□

9-11番は次のウェブページに関するものです。

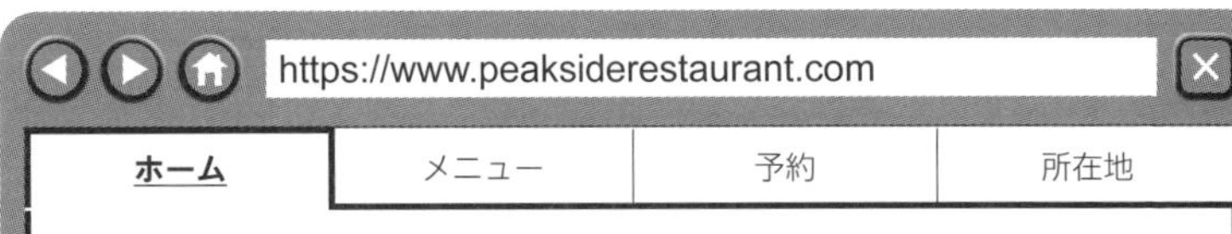

ピークサイド・レストラン

食事をするならぜひピークサイド・レストランで料理の冒険を！

この大都市圏において他に類を見ない当レストランは、❶ダイン・ウェル・マガジンの最優秀レストラン賞を6年連続で受賞することに貢献したシェフが作る本格イタリアンのメインディッシュが自慢です。❷健康的な食事に強い関心をお持ちのお客さまには、ビーガン料理、低炭水化物料理、グルテンフリー料理を提供しております。席のご予約は、予約タブに移動して予約カレンダーフォームを埋めてください。❸連絡先、希望日、時間、人数とその他特別なご要望があればご記入お願いいたします。❹24時間以内に当店から確認メールを送らせていただくか、もしくは不明な点がある場合は電話でご連絡させていただきます。皆さまをお迎えできるようにするため、少なくとも3週間前までにはご予約ください。

❺プライベートパーティーのために当店を貸し切にしたり、特別なビュッフェやその他のお食事をご自宅や職場までお届けすることもできます。❻次回のイベントをご計画の際は、クリスタル・ドゥッラーニー宛に kd@peaksiderestaurant.com までメールでご相談ください。

Q9. 正解 (B)　　正答率 ▸▸ 87%

3ステップ解説

STEP1 Peakside Restaurantについて言及されていることを答える問題。

STEP2 第1段落冒頭文に we boast authentic Italian entrées made by chefs who have helped us win the Best Restaurant Award in Dine Well Magazine for the sixth consecutive year（和訳❶）とあるので、このレストランはDine Well Magazine誌の最優秀レストラン賞を何度も受賞していることがわかる。

STEP3 よって、(B)が正解。**for the sixth consecutive year**（**6年連続で**）というフレーズは必ず押さえておこう。第1段落冒頭文のUnique in the metropolitan areaから、Peakside Restaurantが**metropolitan area**（**大都市圏**）にあるのは確かだが、6年前に開店したかどうかは不明であるため、(A)を選ぶことはできない。また、**special dietary options**（**特別な食事の選択肢**）については第1段落4～6行目にFor those with a strong focus on healthy eating, we offer vegan, low-carb, and gluten-free meals.（和訳❷）とあるが、追加料金がかかるとは書かれていないので、(C)も不正解。

設問の訳 **9.** ピークサイド・レストランについて何が述べられていますか?
(A) 6年前に大都市圏にオープンした。
(B) 何度も賞をとったことがある。
(C) 追加料金で特別な食事メニューを利用できる。
(D) 少なくともイベントの3日前までに予約すべきだ。

スコアアップのポイント

「～年連続で」という意味を表す、序数詞を使った①「for the <序数詞> consecutive year」、②「for the <序数詞> year in a row」、③「for the <序数詞> straight year」という3つの言い方を押さえておくとスコアアップにつながります。例えば、「**3年連続で**」であれば、① **for the third consecutive year**、② **for the third year in a row**、③ **for the third straight year**となります。three（基数詞）ではなくthird（序数詞）を、years（複数形）ではなくyear（単数形）を使うという点に注意しましょう。

Q10. 正解 (D) 正答率 ▸▸ 86%

3ステップ解説

STEP1 予約フォームで必要とされていない情報を答える問題。

STEP2 NOT問題なので、選択肢と本文の内容を照らし合わせて、本文の内容と合わない選択肢を1つ選ぶ。(B) の食事客の数と (C) の特定の日付については、第1段落7～9行目に Be sure to enter your contact information, preferred date, time, number of guests, and any special requests.（和訳❸）にある number of guests、**preferred date**（**希望日**）にそれぞれ該当するので、記入が必要な情報として指定されている。(A) のメールアドレスについては、同段落9～11行目の We will send you a confirmation e-mail within 24 hours or call you if we have any questions.（和訳❹）で、レストラン側からメールまたは電話で連絡する旨記載されていることから、予約フォーム上でメールアドレスと電話番号は入力が求められていると考えられる。

STEP3 会員番号は入力が必要な情報として本文に記載されていないので、(D) が正解。

設問の訳 **10.** 予約フォームで要求されていない情報は何ですか?
(A) メールアドレス　(B) 食事客の数
(C) 特定の日付　(D) 会員番号

Q11. 正解 (C) 正答率 ▸▸ 87%

3ステップ解説

STEP1 Durrani さんに連絡すべき理由を答える問題。

STEP2 第2段落冒頭文 We also rent out the entire premises for private parties and deliver premium buffets or other meal services to your residence or corporate venue.（和訳❺）に続いて、E-mail Kristal Durrani at kd@peaksiderestaurant.com to plan your next occasion.（和訳❻）と、Durrani さんの連絡先メールアドレスを案内していることから、レストランでの貸し切りパーティーを検討している人や、自宅・自社への出張配膳サービスを希望する人が Durrani さんに連絡すると考えられる。

STEP3 よって、(C) が正解。deliver premium buffets or other meal services to your residence の部分を have a private function catered と言い換えている。**a private function** は「**私的な行事（イベント）**」という意味。

設問の訳 **11.** ウェブページによると、一部の人はなぜドゥッラーニーさんに連絡すべきですか?
(A) ゲスト用の予約フォームを入力するため
(B) すでに行った注文を修正するため
(C) 私的なイベントでケータリングを手配するため
(D) 特別割引に申し込むため

「行事、イベント」を意味する occasion と function は大事です。それぞれ、**a family occasion**（**家族の集まり**）、**a special occasion**（**特別なイベント**）、**a business[corporate] function**（**会社の行事**）といったフレーズで押さえておきましょう。

キーワードをチェック!!

12

	単語	発音	意味
★	□ pursue	パースー [pərsúː]	動 他 ～を追求する
★	□ credentials	クリデンシャルズ [kridénʃəlz]	名 複 資格、経歴
★	□ qualified	クワリファイド [kwálifaid]	形 資格要件を満たした、資格のある
	□ conditional	カンディショナル [kəndíʃənəl]	形 条件付きの、条件次第の
	□ inspection	インスペクシャン [inspékʃən]	名 C UC 検査、視察
	□ equipment	イクウィプメント [ikwípmənt]	名 UC 機器、機材
★	□ issue	イシュー [íʃu]	動 他 ～を発行する 名 C ①発行、(雑誌などの) 号 ②問題
★	□ relevant	レレヴァント [réləvənt]	形 関係のある、関連する
★	□ probation	プラベイシャン [prəbéiʃən]	名 UC 仮採用制度、試用 (見習い) 期間
	□ permanent	パーマネント [pərmənənt]	形 永続的な、恒久の 反 temporary
★	□ comprehensive	カンプリヘンスィブ [kɑmprihénsiv]	形 包括的な、総合的な
	□ willingness	ウィリングネス [wíliŋnəs]	名 UC 意欲、やる気
	□ clarify	クラリファイ [klǽrifai]	動 他 ～を明確にする
	□ stand out		目立つ、際立つ
	□ have ～ on board		～を社員として迎える
	□ deal with ～		～に対処する、取り組む

意識すべきポイントをチェック!!

①設問数&文書タイプの確認

Questions **12-14** refer to the following **letter**.

Point **誰が何のために手紙を書いたのかを意識**しながら読む。

②レイアウトの確認

Point **本文に1文挿入問題の空所 [1] ～ [4] が空いていることを確認**する。

Point **4つの段落で構成されていることを確認**する。

戦略 「1文挿入問題で与えられている1文」と「最初の設問」を両方チェックしてから本文を読み始める! (P26参照)

③設問文の確認

Point **1文挿入問題の1文→最初の設問の順にチェックして内容 (要点) を記憶**する。

14. In which of the positions marked [1], [2], [3], and [4] does the following sentence best belong?
"XXXXXXXXXXXXXXXXXXXXXXXXXXXXXXX."

12. **Why** was ...?

④本文を読む

レターヘッド&宛先

------------------------------.-------------------------.--------
------------ – [1] – ------------------------
解答の根拠が登場するまで段落単位で読み進める
------------------------------.-------------------------.-------------
------.– [2] –.--------------------------------------.
– [3] –.---------------------.
– [4] –.-------------------------------------.

署名

Point **途中で空所が登場するたびに、与えられた1文がその場所に挿入できるか否かを検討**する。

⑤選択肢の確認

Point **設問12の選択肢をチェックして正解を判断**する。正解を判断できない場合は、解答を保留して先に進む。

⑥解答する

解答欄にマークする。

Point **設問14は1文が入る空所がわかった時点で解答**する。

※設問13についても、同様に③～⑥を繰り返す（④で読む段落は先に進める）

Questions 12-14 refer to the following letter.

Brampton Optics Co.
291 Main Street
Brisbane 2580

Michael Reda
5 Ironbank Road
Brisbane 4101

Dear Mr. Reda,

It is my pleasure to inform you that you have been chosen as a junior risk analyst for our firm. —[1]—. Your clear desire to pursue a career in this field, as well as your excellent credentials, made you stand out among the many qualified candidates for the position.

Your first three months with us will be conditional. During this time, you will perform regular inspections of our manufacturing equipment across the nation, report issues to relevant managers, and prepare action plans for improved operational standards and practices. —[2]—. If everything goes well throughout the probation period, your work contract will be converted to a permanent one.

—[3]—. Please report to the HR department before 11 A.M. During the first week, you will participate in a comprehensive training program that will familiarize you with the specific responsibilities of this position and our company mission.

—[4]—. Please indicate your willingness to accept the position by signing and returning the document enclosed with this letter. We look forward to having you on board soon.

Sincerely,

Bennet Hatte
Human Resources Coordinator

12. Why was the letter sent to Mr. Reda?

(A) To clarify a hiring process
(B) To apply for a job opening
(C) To thank a long-term employee
(D) To extend an offer of employment

○△× ○△× ○△×
1回目 □□□ 2回目 □□□ 3回目 □□□

13. What is indicated about the position?

(A) It is a one-year contract.
(B) It includes a series of trial work.
(C) It requires some international travel.
(D) It involves dealing with customer complaints.

○△× ○△× ○△×
1回目 □□□ 2回目 □□□ 3回目 □□□

14. In which of the positions marked [1], [2], [3], and [4] does the following sentence best belong?

"Your first day with us will be May 7."

(A) [1]
(B) [2]
(C) [3]
(D) [4]

○△× ○△× ○△×
1回目 □□□ 2回目 □□□ 3回目 □□□

12-14番は次の手紙に関するものです。

ブランプトン・オプティクス社
メイン通り291番地
ブリスベン2580

マイケル・レダ様
アイロンバンク通り5番地
ブリスベン4101

レダ様

❶貴方が弊社のジュニアリスクアナリストに選出されたことを喜んでご連絡申し上げます。— [1] —. 貴方の素晴らしい経歴に加え、この分野でキャリアを追求したいという明確なご意思が、この職に応募した能力ある多くの候補者の中で際立っていました。

❸最初の3カ月は条件付きとなります。❺この期間中、貴方は全国にある弊社製造設備の定期点検を行い、関係する管理者へ問題を報告し、そして改訂された操作基準と実施に関する行動計画を準備することになります。— [2] —. ❹試用期間中に全てが問題なく進みましたら、貴方の契約を正規雇用に変更いたします。

— [3] —. ❻午前11時までに人事部に行ってください。はじめの1週間は、この職の具体的な職責と弊社の企業理念に精通していただくための総合的な研修プログラムにご参加いただきます。

— [4] —. ❷この職をお引き受けいただける場合はそのご意思を示していただくため、この手紙に同封の書類に署名してご返送ください。近々ご一緒できることを楽しみにしております。

どうぞよろしくお願い申し上げます。

ベネット・ハッテ
人事コーディネーター

Q12. 正解 (D)　　正答率 ▸▸ 29%

3ステップ解説

STEP1 Redaさんに手紙が送られた理由を答える問題。

STEP2 第1段落冒頭文 It is my pleasure to inform you that you have been chosen as a junior risk analyst for our firm.（和訳❶）でRedaさんに応募職への採用を伝えたうえで、最終段落で Please indicate your willingness to accept the position by signing and returning the document enclosed with this letter.（和訳❷）と、署名済書類の提出を促していることから、この手紙はRedaさんに雇用を申し出るために書かれたと考えられる。

STEP3 よって、(D) が正解。**extend an offer of employment** は「**雇用の申し出をする**」という意味。

設問の訳 **12.** 手紙はなぜレダさんに送られましたか?
(A) 採用過程を明確にするため　(B) 求人に応募するため
(C) 長期在籍社員に感謝するため　(D) 雇用の申し出をするため

スコアアップのポイント

extendが持つ①「～を（物理的に）伸ばす」、②「(期間や期日）を延長する」、③「(気持ち）を伝える」という3つの意味のうち、③は**extend an invitation**（**招待する**）、**extend one's apology**（**お詫びする**）、**extend one's congratulation**（**祝意を伝える**）といったフレーズでTOEICに登場します。手を伸ばして相手に触れるのと同じように、自分の気持ちを相手に伝えるイメージで押さえておきましょう。

Q13. 正解 (B)　　正答率 ▸▸ 89%

3ステップ解説

STEP1 該当の職について言えることを答える問題。

STEP2 まず、第2段落冒頭文 Your first three months with us will be conditional.（和訳❸）から、Redaさんが採用されたジュニアリスクアナリスト職の最初の3か月間は条件付きであることがわかる。続く第2文を見ると、その期間中に行う業務として① perform regular inspections、② report issues、③ prepare action plans の3つが挙げられている。また、同段落最終文に If everything goes well throughout the probation period, your work contract will be converted to a permanent one.（和訳❹）とあるので、この最初の3か月間は **probation period**（**仮採用期間、試用期間**）だということがわかる。

STEP3 よって、①〜③を **a series of trial work**（**一連の試験的な業務**）と言い換えている (B) が正解。1年契約の雇用であるとはどこにも書かれていないので、(A) は不正解。また、第2段落第2文に During this time, you will perform regular inspections of our manufacturing equipment across the nation（和訳❺）とあり、海外出張は伴わないと判断できるので、(C) も不正解。**across the nation[country]** は「**全国で、国中で**」という意味。**across the world**（**世界中で**）と区別して押さえておこう。顧客の苦情への対応はジュニアリスクアナリストの職務内容として紹介されていないので、(D) も不正解。

設問の訳 **13.** 職について何が示されていますか?
(A) 1年契約である。
(B) 一連の試験的な業務を含む。
(C) 海外出張が求められる。
(D) 顧客の苦情への対応を必要とする。

Q14. 正解 (C)　　正答率 ▸▸ 79%

3ステップ解説

STEP1 与えられた1文を挿入する適切な位置を答える問題。

STEP2 1文で Your first day with us will be May 7. と初出社日を伝えていることから、第3段落冒頭の [3] に入れれば、当日何時にどこに行けばよいのかを伝えている直後の Please report to the HR department before 11 A.M.（和訳❻）と文意がつながる。

STEP3 よって、(C) が正解。[1] に入れると、もともと「採用のお知らせ→採用理由」と自然に話が展開しているところに初出社日の連絡が割って入ることになるので不適切。[2] に入れた場合、その前後にある試用期間についての説明を不自然に分断してしまう。[4] は、署名済書類の提出を依頼する直後の1文とのつながりが悪い。

設問の訳 **14.** [1]、[2]、[3]、[4] のうち、次の文が入る最も適切な箇所はどこですか?
(A) [1]
(B) [2]
(C) [3]
(D) [4]

句動詞 report to は①「(人や組織) に報告する、直属する」、②「(建物など) に到着したことを伝える、出向く」という意味が大事です。①は **report to James on the progress of the project** (**プロジェクトの進捗をジェームズに報告する**) や、**He will report to Greg Ettinger, the company's chief executive.** (**彼は最高〔経営〕責任者であるグレッグ・エッティンガー氏の直属となります**) という文で、②は **report to work** (**職場に出勤する**)、**report to the front desk** (**受付に到着したことを伝える**)、**report to Human Resources at 9 A.M.** (**午前9時に人事部に出向く**) といったフレーズで押さえておきましょう。

It is my pleasure to inform you that ...
(…をお伝えできることを喜ばしく思います。)

We look forward to having you on board soon.
(近い将来あなたを社員として迎える日を楽しみにしています。)

キーワードをチェック!!

14

	語句	発音	意味
★	□ botanical	[bətǽnikəl]	形 植物の、植物学の
	□ annual	[ǽnjuəl]	形 毎年の、年に一度の
★	□ namely	[néimli]	副 すなわち、名前を挙げると
	□ register	[rédʒistər]	動 他 ～に登録する　自 登録する
	□ submission	[səbmíʃən]	名 UC 提出　C 提出物
	□ panel	[pǽnl]	名 C ①（木やガラスなどの）板 ②（専門家などの）グループ
★	□ acclaim	[əkléim]	動 他 ～を称賛する 名 UC 称賛
★	□ entry	[éntri]	名 UC 入場、登録 C（コンテストなどの）応募作品 単（コンテストなどの）登録者数、応募者数
	□ exhibit	[igzíbit]	動 自 他（～を）展示する 名 C 展示会、展示物
	□ innovative	[ínəveitiv]	形 革新的な
	□ award-winning	[əwɔ́rd-wíniŋ]	形 受賞歴のある
★	□ draw on ～		（手段として）～を利用する、（経験など）を生かす
★	□ be highly regarded		高く評価されている

意識すべきポイントをチェック!!

❶ 設問数&文書タイプの確認

Questions **15-17** refer to the following **press release**.

Point **誰が何のためにプレスリリースを出したのかを意識**しながら読む。

❷ レイアウトの確認

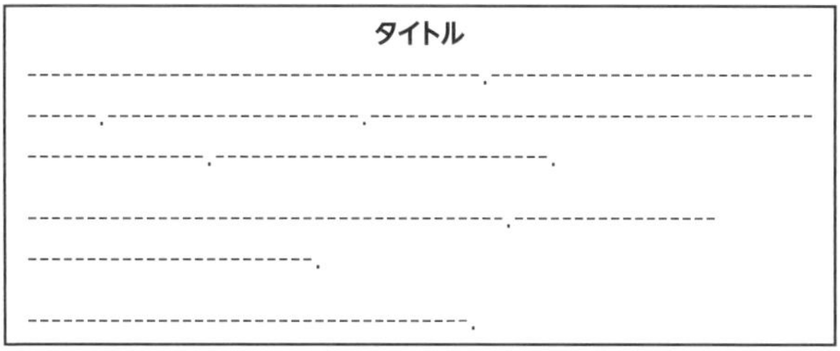

タイトル

-----------------------------------.--------------------------
------.--------------------.-----------------------------------
--------------.----------------------------.

-----------------------------------.----------------
----------------------.

-----------------------------------.

Point **タイトルは必ず確認**する。
Point **3つの段落のみで構成されていることを確認**する。

❸ 設問文の確認

15. **What** is **the purpose** of the press release?
16. **What** is **suggested** about ...?

Point **設問で問われている内容（要点）を記憶**する（最初の2問のみ）。
設問15は **the purpose** なので**P23のポイントを意識**する。
設問16は **suggested が使われているので推測して答える**。

戦略 とりあえず第1段落を読んで設問15, 16に解答できないかトライ!

❹ 本文を読む

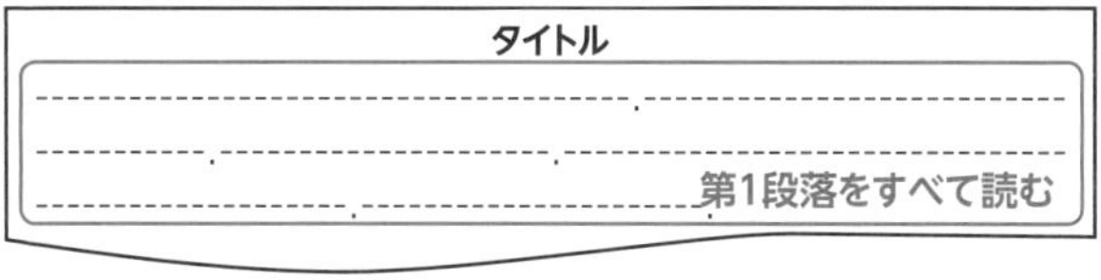

タイトル

-----------------------------------.--------------------------
-----------.--------------------.-----------------------------
------------------.---------------------.第1段落をすべて読む

Point 戦略に沿って**内容を記憶しながら**読み進める。

❺ 選択肢の確認

Point 本文の内容の言い換えや誤答の選択肢のひっかけに注意しながら**それぞれの選択肢をチェックして正解を判断**する。

❻ 解答する

解答欄にマークする。

※設問17についても、同様に❸～❻を繰り返す（❹で読む箇所は本文の続き）

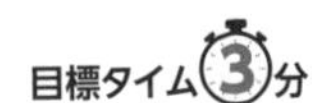

Questions 15-17 refer to the following press release. 15

FOR IMMEDIATE RELEASE
Contact: Adiel Murray / amurray@tulliegardens.org.nz

Tullie Botanical Gardens' Photography Competition

Auckland (12 January)—Tullie Botanical Gardens' annual photo competition will begin on 10 February. There are several categories in the contest, namely, "Seasons," "Creative Angles," "Blooming," and "Youth." To register, please visit www.tulliegardens.com/events. The deadline for submissions is 30 April. The photos will be evaluated by a panel of artists, including Vincent Lynes, whose photography is critically acclaimed. He is currently teaching in South America, but scheduled to return to New Zealand in May. The panelists will draw on their long experience to choose the best entries.

Selection of finalists and their photos will take place between 7 May and 15 June. The awards presentation will be held at the Tullie Botanical Gardens Visitor Center on 30 June. The winning entries will be put on display there and on our events site above, from 5 July until the end of the year, and the public is welcome to enjoy the exhibits.

Should you have any questions, please contact Adiel Murray.

15. What is the purpose of the press release?

(A) To advertise an upcoming artistic event
(B) To announce the opening of a garden
(C) To promote a workshop for photographers
(D) To profile a number of young artists

○ △ × 1回目 □□□ 2回目 □□□ 3回目 □□□

16. What is suggested about Mr. Lynes?

(A) He is famous for his innovative artworks.
(B) He was born in New Zealand.
(C) He is highly regarded as a photographer.
(D) He will leave South America once the competition is concluded.

○ △ × 1回目 □□□ 2回目 □□□ 3回目 □□□

17. What is indicated about the competition?

(A) The public will choose the best entries.
(B) Every entry will be put on display after a voting process.
(C) Panelists will listen to presentations at the end of June.
(D) Award-winning photographs can be seen online.

○ △ × 1回目 □□□ 2回目 □□□ 3回目 □□□

15-17番は次のプレスリリースに関するものです。

即日発表
問い合わせ先：アディエル・マレー / amurray@tulliegardens.org.nz

タリー・ボタニカル・ガーデン写真コンテスト

オークランド（1月12日）—❶タリー・ボタニカル・ガーデンの毎年恒例の写真コンテストが2月10日に始まります。コンテストには複数の部門があり、それはすなわち、「季節」、「クリエイティブなアングル」、「開花」、そして「若さ」です。応募の際は www.tulliegardens.com/events にアクセスしてください。応募の締切りは4月30日です。❷写真は、批評家によって高く評価されているヴィンセント・ラインズを含む芸術家の審査団によって審査されます。❸現在、彼は南米で教鞭をとっていますが、5月にニュージーランドに戻る予定です。審査員たちは長年の経験を活用して最も優れた応募写真を選考します。

ファイナリストと写真の選考は5月7日から6月15日までの間に実施いたします。授賞式は6月30日にタリー・ボタニカル・ガーデンの訪問者センターで行われます。❹受賞作品は、7月5日から年末まで、同会場と上記の events サイト上で展示される予定ですので、一般の皆さまもぜひ展示を見にお越しください。

ご質問がある場合はアディエル・マレーにご連絡ください。

Q15. 正解 (A)　正答率 ▸▸ 92%

3ステップ解説

STEP1 プレスリリースの目的を答える問題。

STEP2 第1段落冒頭文 Tullie Botanical Gardens' annual photo competition will begin on 10 February.（和訳❶）でフォトコンテストの開催予定を伝え、同段落第2文以降で応募要項や審査について述べていることから、このプレスリリースはフォトコンテストを告知するために出されたと考えられる。

STEP3 よって、(A) が正解。photo competition（フォトコンテスト）を artistic event（芸術に関するイベント）と言い換えている。

設問の訳 **15.** プレスリリースの目的は何ですか？
(A) 近々行われる芸術に関するイベントを宣伝すること
(B) ガーデンの開園を発表すること
(C) 写真家向けのワークショップを宣伝すること
(D) 若い芸術家を数名紹介すること

スコアアップのポイント

TOEICでは、botanical（植物の、植物学の）は **botanical garden**（**植物園**）というフレーズで登場します。これに関連して **herb garden**（**ハーブ園、薬草園**）の出題例もあります。herb は [ɛːrb]（「アーブ」に近い）と発音されることが多く、日本人にとって聞き取りにくい単語の 1 つであるため、リスニングセクションにおいて「メディカルアーブ」や「メディカラーブ」のように聞こえるフレーズ **medical herb**（**薬草**）もスコアアップには欠かせません。植物の研究を行う **botanist**（**植物学者**）、薬草の栽培、研究、処方などを行う **herbalist**（**薬草栽培家、漢方医**）と併せて押さえておきましょう。

Q16. 正解 (C)　正答率 ▸▸ 83%

3ステップ解説

STEP1 Lynes さんについて推測できることを答える問題。

STEP2 第1段落6～8行目に The photos will be evaluated by a panel of artists, including Vincent Lynes, whose photography is critically acclaimed.（和訳❷）とあることから、Lynes さんの写真撮影技術は批評家から高い評価を得ていることがわかる。

STEP3 よって、**critically acclaimed**（**批評家に称賛された**）を **highly regarded**（**高く評価された**）で言い換えている、(C) が正解。Lynes さんが innovative artworks（革新的な芸術作品）で有名かどうかは本文に記載がなく不明のため、(A) は不正解。第1段落8～9行目の He is currently teaching in South America, but scheduled to return to New Zealand in May.（和訳❸）から、Lynesさんが5月に南アメリカからニュージーランドに戻る予定であることはわかるが、ニュージーランドで生まれたかどうかはわからないので、(B) も不正解。また、第1段落冒頭に Auckland (12 January) とあり、オークランドはニュージーランドの都市であることから、Lynesさんは南アメリカからニュージーランドに戻ってきて写真コンテストの審査員を務めることがわかる。よって、(D) も不正解。

設問の訳 **16.** ラインズさんについて何が示唆されていますか?
(A) 斬新な作品で有名だ。
(B) ニュージーランドで生まれた。
(C) 写真家として高く評価されている。
(D) コンテストが終わったら南米を発つ。

スコアアップのポイント

criticallyは「①非常に (=crucially)、②危機的に (=dangerously)、③批判的に、④批評家によって」という4つの意味が大事です。それぞれ **critically important meeting**（**非常に重要な会議**）、**critically low level**（**危機的に低い水準**）、**critically analyzed data**（**批判的に分析されたデータ**）、**critically acclaimed novel**（**批評家に称賛された小説**）というフレーズで押さえておきましょう。

Q17. 正解 (D)　　正答率 ▸▸ 58%

3ステップ解説

STEP1 コンテストについて言えることを答える問題。

STEP2 第2段落最終文を見ると、The winning entries will be put on display there and on our events site above, ...（和訳❹）とある。there は直前の文にある the Tullie Botanical Gardens Visitor Center を指し、our events site above は第1段落5行目でコンテストの応募先として紹介しているウェブサイト www.tulliegardens.com/events を指すので、受賞作品は植物園のビジターセンターとウェブサイト上で鑑賞（閲覧）できることがわかる。

STEP3 よって、(D) が正解。**winning entries**（**受賞作品**）を **award-winning photographs**（**受賞写真**）と言い換えている。

設問の訳 **17.** コンテストについて何が示されていますか?
(A) 一般の人々が最も良い作品を選定する。
(B) 投票の後すべての応募作品が展示される予定だ。
(C) 審査員は6月末にプレゼンテーションを聞く予定だ。
(D) 受賞作品はオンラインで見ることができる。

ビジネスメールで使える表現

The deadline for submissions is 〈期限〉.
（提出の締切りは〈期限〉です。）

Should you have any questions, please contact 〈人物名〉.
（ご質問がありましたら〈人物名〉に連絡してください。）

Please plan your drive **accordingly**.

キーワードをチェック!!

16

★	□ unanimous	ユナニマス [junǽnəməs]	形 満場一致の
	□ sincere	スィンスィア [sinsír]	形 誠実な、偽りのない
★	□ expertise	エクスパーティーズ [ekspeːtíːz]	名 UC 専門知識
★	□ fundraising	ファンドレイズィング [fʌ́ndreiziŋ]	名 UC 資金集め
	□ donor	ドウナー [dóunər]	名 C (お金などの) 寄付者
★	□ outreach	アウトリーチ [áutriːtʃ]	名 UC 奉仕活動
	□ underprivileged	アンダープリヴィリッジド [ʌndərprívəlidʒd]	形 (社会的に) 恵まれない
	□ plot	プラット [plát]	名 C ①(土地などの) 区画 ②(物語などの) 筋、構想
	□ cultivate	カルティヴェイト [kʌ́ltiveit]	動 他 ①(土地など) を耕す ②(能力など) を培う
	□ thereby	ゼアバイ [ðeəbái]	副 それによって
★	□ enthusiastic	インスューズィアスティック [injuːziǽstik]	形 熱心な、熱狂的な
★	□ solicit	サリスィット [səlísit]	動 自 他 (～を) 懇願する
★	□ fundraiser	ファンドレイザー [fʌ́udreizər]	名 C ①資金集めのイベント ②資金集めの担当者
★	□ contribution	カントリビューシャン [kɑntrəbjúːʃən]	名 C ①貢献 ②寄付金 ③寄稿、投稿作品 UC 寄付
★	□ streamline	ストリームライン [stríːmlain]	動 他 ～を能率化 (合理化) する
	□ outline	アウトライン [áutlain]	動 他 ～の概要を述べる 名 C UC 概要
★	□ settle	セトゥル [sétl]	動 他 自 ①～を (が) 解決する ②～を (が) 決定する ③(新しい環境など) に落ち着かせる、落ち着く
	□ donate A to B		AをBに寄付する、AをBに捧げる

意識すべきポイントをチェック!!

❶ 設問数&文書タイプの確認

Questions **18-20** refer to the following **e-mail**.

Point **誰が何のためにメールを書いたのか意識**しながら読む。

❷ レイアウトの確認

Point **本文に空所 [1] ~ [4] が空いていることを確認**する。
Point **3つの段落で構成されていることを確認**する。

戦略 「1文挿入問題で与えられている1文」と「最初の設問」を両方チェックしてから本文を読み始める! (P26 参照)

❸ 設問文の確認

Point **1文挿入問題の1文→最初の設問の順にチェック**する。

20. In which of the positions marked [1], [2], [3], and [4] does the following sentence best belong?
“XXXXXXXXXXXXXXXXXXXXXXXXXXXXXXXX.”

18. **Why** ...?

Point **1文挿入問題の1文と、最初の設問の内容(要点)を記憶**する。

❹ 本文を読む

ヘッダー情報

--------------------------.---------------------------------
-------------.---------------- [1] –.------------------------
--------------.– [2] –.--------------------.
解答の根拠が登場するまで段落単位で読み進める
-------------------------------------.– [3] –.--------------
------------.
-------------------------. ----------------------------------
-------. – [4] –.----------------------------.

署名

Point **途中で空所が登場するたびに、与えられた1文がその場所に挿入できるか否かを検討**する。

❺ 選択肢の確認

Point **設問18の選択肢をチェックして正解を判断**する。

❻ 解答する

解答欄にマークする。

Point **設問20は1文が入る空所がわかった時点で解答**する。

※設問19についても、同様に❸～❻を繰り返す(❹で読む箇所は本文の続き)

Questions 18-20 refer to the following e-mail.

To:	xgarrido@onemail.com
From:	ahatfield@finleyyouthcenter.com
Subject:	Update
Date:	February 2

Dear Ms. Garrido,

First, we would like to thank you again for actively participating in last December's charity program, Children's Winter Health Fair. According to the unanimous opinion of our members, it was the most successful event we have ever organized. —[1]—. The sincere efforts of our volunteers, combined with your expertise in fundraising, helped attract over 27,000 donors. —[2]—. Now, we are planning a new charity project: Community Farms for Youth.

This is an outreach program for the most underprivileged children in our city. —[3]—. We are going to create an urban farm this summer on a large lot, dividing it into plots for small groups of children to cultivate fruits and vegetables.

This is a fairly large goal, so we are forced to ask for volunteers, mainly to guide and manage the children. —[4]—. Please let me know if you could donate one weekend a month to doing this, thereby making young lives more meaningful. We have met with a lot of enthusiastic responses so far and are hoping that yours will be as well.

Sincerely,

Abe Hatfield, Community Outreach Coordinator
Finley Youth Center

18. Why was the e-mail written?

(A) To request organizing an event
(B) To get some advice on farming
(C) To solicit participation in a project
(D) To thank a member for a donation

○ △ × 1回目 □□□ 2回目 □□□ 3回目 □□□

19. What is most likely true about Ms. Garrido?

(A) She has deep knowledge of fundraisers.
(B) She owns some land in an urban area.
(C) She used to make contributions for children.
(D) She works for a youth center.

○ △ × 1回目 □□□ 2回目 □□□ 3回目 □□□

20. In which of the positions marked [1], [2], [3], and [4] does the following sentence best belong?

"Though it still needs streamlining, its broad outlines have been settled."

(A) [1]
(B) [2]
(C) [3]
(D) [4]

○ △ × 1回目 □□□ 2回目 □□□ 3回目 □□□

18-20番は次のメールに関するものです。

宛先：	xgarrido@onemail.com
送信者：	ahatfield@finleyyouthcenter.com
件名：	最新情報
日付：	2月2日

ガリード様

はじめに、昨年12月のチャリティーイベントであるチルドレンズ・ウィンター・ヘルス・フェアに積極的にご参加いただいたことに対して、改めて感謝申し上げます。当会員の全会一致の意見によると、これまで企画してきた中で最も大きな成功を収めたイベントとなりました。─ [1] ─. ❹ボランティアの皆さまの真摯な努力と貴方の寄付金集めに関するご助言が相まって、2万7千人を超える寄付者を集めることができました。─ [2] ─. ❶現在、私たちはコミュニティー・ファームズ・フォー・ユースという新しいチャリティーイベントを計画しています。

これは私たちの市で暮らす恵まれない子供たちのための奉仕活動プログラムです。─ [3] ─. ❺今夏、私たちは広い土地に都市農園を作り、区画割りしたうえで小さくグループ分けした子供たちに果物や野菜を栽培してもらう予定です。

❷これはある程度大きな目標なので、主に子供たちを案内して世話をするボランティアを募らざるを得ません。─ [4] ─. ❸月に1度週末のお時間をいただき、子供たちがより有意義な生活を送れるよう支援していただける場合はお知らせください。これまで数多くの方から熱心な反響をいただいておりますが、貴方からのお返事も同様であることを願っております。

よろしくお願い申し上げます。

エイブ・ハットフィールド　地域福祉コーディネーター
フィンリー青少年センター

Q18. 正解 (C)　　正答率 ▸▸ 68%

3ステップ解説

STEP1 メールが書かれた理由を答える問題。

STEP2 メールの差出人であるHatfieldさんは、第1段落冒頭文で昨年の12月にチャリティープログラムに参加してくれたことについてGarridoさんにお礼を述べたうえで、同段落最終文でNow, we are planning a new charity project: Community Farms for Youth.（和訳❶）と新たなチャリティープロジェクトを計画している旨伝えている。そして、第3段落冒頭文This is a fairly large goal, so we are forced to ask for volunteers, mainly to guide and manage the children.（和訳❷）から、そのプロジェクトにはボランティアが必要であることがわかり、続くPlease let me know if you could donate one weekend a month to doing this, thereby making young lives more meaningful.（和訳❸）で、Garridoさんにボランティアとして参加してもらえないか打診していることがわかる。

STEP3 よって、(C)が正解。**solicit participation**は「**参加を懇願する（求める）**」という意味。donate A to B（AをBに捧げる）のAの部分にone weekend a month（月に一度の週末）、Bの部分にdoing thisが入った**donate one weekend a month to doing this**（**月に一度の週末をこの活動に捧げる**）というフレーズもぜひ押さえておきたい。

設問の訳　**18.** このメールはなぜ書かれましたか？
(A) イベントの企画を頼むため　(B) 農業についての助言を得るため
(C) プロジェクトへの参加を求めるため　(D) 寄付について会員に感謝するため

相手に対して寄付や参加、意見などを求めるために文書が書かれている場合、問題作成者は動詞solicit（～を懇願する）を用いて、To solicit ～（～を請う〔求める〕ため）という正解選択肢を作成することがよくあります。スコアアップに直結するsolicitは、**solicit donations**（**寄付を請う**）、**solicit bids**（**入札を募る**）、**solicit feedback**（**意見を求める**）といったフレーズで押さえておきましょう。

Q19. 正解 (A)　　正答率 ▸▸ 54%

3ステップ解説

STEP1 Garridoさんについて当てはまることを推測して答える問題。

STEP2 第1段落の空所[1]と[2]の間にある1文を見ると、Garridoさんが参加した昨年12月のチャリティープログラムについて、The sincere efforts of our volunteers, combined with your expertise in fundraising, helped attract over 27,000 donors.（和訳❹）とあるので、Garridoさんの資金集めに関する深い知識が数多くの寄付者を集める上で役立ったと考えられる。

STEP3 よって、(A) が正解。**expertise in fundraising**（**資金調達における専門知識**）を **deep knowledge of fundraisers**（**資金調達イベントについての深い知識**）と言い換えている。第2段落の空所 [3] の直後に、新規チャリティープロジェクトについて We are going to create an urban farm this summer on a large lot（和訳❺）とあるが、Garridoさんが **urban area**（**都市部**）に土地を所有しているとは書かれていないので、(B) は不正解。また、Garridoさんが子供たちのために以前はよく **make contributions**（**寄付〔貢献〕する**）ことがあったのかについては本文に記載がなく不明であるため、(C) を選ぶこともできない。さらに、メールのヘッダーや署名の記載から、**youth center**（**青少年センター**）で働いているのは Garridoさんではなく Hatfieldさんだとわかるので、(D) も不正解。

設問の訳 **19.** ガリードさんについておそらく正しいのは何ですか?
(A) チャリティーイベントについての深い知識がある。
(B) 都市部に土地を所有している。
(C) 以前子供たちのためによく寄付をしていた。
(D) 青少年センターで働いている。

スコアアップのポイント

fundraiserは「①資金集めのイベント、②資金集めの担当者」の2つの意味を押さえておく必要があります。①はイベントですが、②は人を指します。例えば、**hold a fundraiser**であれば「**資金集めのイベントを開催する**」、**He worked for a charitable organization as a fundraiser.**であれば「**彼は慈善団体で資金調達担当者として働いていた**」という意味になります。文脈に応じて解釈し分けるようにしましょう。

Q20. 正解 (C)

正答率 ▸▸ 59%

3ステップ解説

STEP1 与えられた1文を挿入する適切な位置を答える問題。

STEP2 1文にある **need streamlining** は「**能率化（合理化）を必要とする**」、**broad outline** は「**大まかな概要（概略）**」、settleは「～を確定させる」という意味なので、能率化は必要だが大まかな概要は確定している主語のitやitsが指すものを特定することが正解へたどり着く大事なポイントとなる。第2段落の空所 [3] に入れれば、itやitsが直前の1文にある **outreach program**（**奉仕活動プログラム**）を指して、「それは今後まだ能率化する必要はあるが概略は決まっている」と、第1段落最終文で紹介した新規チャリティープロジェクト Community Farms for Youth を第2段落冒頭文に続いて補足説明することになり、つながりがとても良い。また、プロジェクト（プログラム）の概略を説明する直後の1文との相性も良い。

STEP3 よって、(C) が正解。[1] に入れると、it や its が第1段落冒頭文に登場する Children's Winter Health Fair を指すことになるが、文意が通らない。また、it や its が指すものが直前に見当たらない [2] に入れることもできない。[4] に入れると、it や its が指すものが曖昧であるうえ、その前後の「ボランティアが必要→できれば協力していただきたい」という依頼の流れを分断してしまうので不適切。

設問の訳 **20.** [1]、[2]、[3]、[4] のうち、次の文が入る最も適切な箇所はどこですか?

「それはまだ能率化する必要がありますが、大まかな概要は決まっております。」

(A) [1] (B) [2]
(C) [3] (D) [4]

スコアアップのポイント

「outreach = out（外に）+ reach（手を伸ばすこと）」から想像できるように、outreach は「（企業などが地域社会に手を差し伸べる）奉仕活動」を意味します。TOEICでは主にリーディングセクションにおいて、**outreach project**（**支援活動プロジェクト**）、**outreach coordinator**（**支援コーディネーター**）、**outreach opportunities**（**奉仕活動の機会**）といったフレーズで登場します。

First, we would like to thank you again for ～.
（まず初めに、～に対してあらためてお礼申し上げます。）

Though it still needs streamlining, its broad outlines have been settled.
（それはまだ能率化〔合理化〕する必要がありますが、大まかな概要は決まっております。）

Please let me know if you could ～.
（～していただけるか私にお知らせください。）

We have met with a lot of enthusiastic responses so far.
（これまでのところ熱狂的〔熱烈〕な反応をたくさんいただいております。）

キーワードをチェック!!

18

	単語	発音	意味
★	□ crate	クレイト [kréit]	名 C (木製またはプラスチック製の) 箱
	□ unload	アンロウド [ʌnlóud]	動 自 他 (荷物などを) 降ろす
★	□ bin	ビン [bín]	名 C 容器、ごみ箱
	□ livestock	ライヴスタック [láivstɑk]	名 集 家畜
	□ feed	フィード [fíːd]	動 自 他 ① (家畜などに) 餌を与える ② (人に) 食べ物を与える 名 UC ① (動物の) 餌　② (幼児の) 食事
	□ pouch	パウチ [páutʃ]	名 C 小袋、ポーチ
★	□ seal	スィール [síːl]	動 他 ① (容器など) を密閉 (密封) する ② (封筒など) に封をする ③ (建物など) を封鎖する 名 C ①密封剤　②印鑑、印影
★	□ stack	スタック [stǽk]	動 自 他 (〜をきちんと) 積み重ねる 名 C 積み重ねた山
	□ agricultural	アグリカウチャラル [ægrikʌ́ltʃərəl]	形 農業の
★	□ disposal	ディスポウザル [dispóuzəl]	名 UC 処分、廃棄
★	□ identify	アイデンティファイ [aidéntifai]	動 他 (原因など) を特定する
★	□ preserve	プリザーヴ [prizə́ːrv]	動 他 ①〜を保護する　②〜を保存する 名 C 自然保護区域
	□ according to 〜		①〜によると　②〜に応じて

意識すべきポイントをチェック!!

❶ 設問数&文書タイプの確認

Questions **21-23** refer to the following **chart**.

Point **誰が何のために書いた何の表なのかを意識**しながら読む。

❷ レイアウトの確認

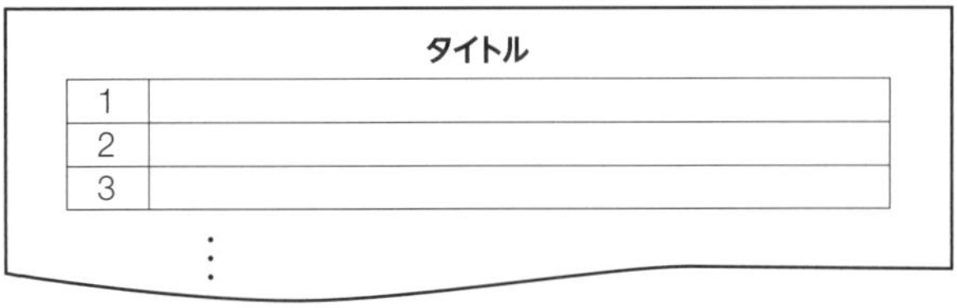

タイトル

1	
2	
3	

⋮

Point 内容やトピックを一言で言い表している**タイトルを確認**する。
Point **7つのプロセスが箇条書きで記載されていることを確認**する。

❸ 設問文の確認

21. **What** ... **most likely** ...?
22. **What** ...?

Point **設問で問われている内容（要点）を記憶**する（最初の2問のみ）。
Point 設問21は**most likelyが使われているので推測して答える。**

戦略 プロセス単位で順番に本文を読み進め、解答の根拠が登場したら設問に解答するやり方でトライ!

❹ 本文を読む

タイトル

1	
2	
3	

⋮

解答の根拠が登場するまでプロセス単位で読み進める

❺ 選択肢の確認

Point 本文の内容の言い換えや誤答の選択肢のひっかけに注意しながら**それぞれの選択肢をチェックして正解を判断**する。

❻ 解答する

解答欄にマークする。

※設問23についても、同様に❸～❻を繰り返す（❹で読む箇所は本文の続き）

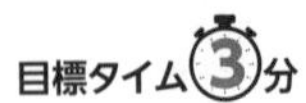

Questions 21-23 refer to the following chart.

Wholenew Corporation
Operation Process in California Plant

1	Fresh fruits in crates, transported from contracted farms, are unloaded and put onto each conveyor belt.
2	They pass under a water spray and move to the sorting area. Workers remove leaves and stems and check for any damaged fruit, which is put into collection bins to be picked up by livestock farmers for animal feed.
3	Peeling machines peel the fruits according to the size and shape.
4	Oranges and grapefruits are cut into slices. Apples and pears are cut into bite-size pieces. Cores and seeds are removed.
5	The cut fruits drop into plastic pouches, and syrup is added. Pouches are sealed.
6	Pouches pass through an X-ray inspection system to be checked for any foreign objects like a piece of metal, glass, rubber, or plastic, which may have entered the fruits during processing.
7	Pouches are labeled and stacked in boxes and moved to the storage area for shipping to major supermarkets.

21. What type of business most likely is Wholenew Corporation?

(A) An agricultural farm
(B) A food processing firm
(C) A supermarket chain
(D) A transportation company

	○ △ ×		○ △ ×		○ △ ×
1回目	□□□	2回目	□□□	3回目	□□□

22. According to the chart, what happens to the rejected food?

(A) It is saved for a different use.
(B) It is returned to the supplier.
(C) It is sold for a lower price.
(D) It is thrown in the trash bin for disposal.

	○ △ ×		○ △ ×		○ △ ×
1回目	□□□	2回目	□□□	3回目	□□□

23. Why most likely is stage 6 necessary?

(A) To identify any damaged fruit
(B) To preserve the food for longer
(C) To seal the pouched products
(D) To ensure product safety and quality

	○ △ ×		○ △ ×		○ △ ×
1回目	□□□	2回目	□□□	3回目	□□□

21-23番は次の表に関するものです。

ホールニュー・コーポレーション
カリフォルニア工場での作業工程

1	契約農園から輸送された木箱入りの新鮮な果物が積み降ろされ、各ベルトコンベヤーに載せられる。
2	果物は水スプレーの下を通過し、選別エリアに移動する。❹作業員は葉や茎を取り除き、傷んだ果物がないか確認し、取り除いたものは家畜農家が動物のエサにするために取りに来る収集用の容器に入れる。
3	❶大きさと形に応じて皮むき機で果物の皮をむく。
4	オレンジとグレープフルーツはスライス状に切る。リンゴと梨は一口サイズに切る。芯と種は取り除かれる。
5	❷カットされた果物はプラスチック製の密閉袋の中に入れられ、シロップが加えられる。袋は密閉される。
6	❺袋はX線の点検システムを通過し、金属部品やガラス、ゴム、プラスチックなど、工程中に果物の中に混入する可能性がある異物が入っていないかチェックを受ける。
7	❸袋にラベルが貼られ、箱詰めされ、大手スーパーマーケットに発送するために倉庫エリアに移される。

Q21. 正解 (B) 正答率 ▸▸ 86%

3ステップ解説

STEP1 Wholenew Corporationの業種を推測して答える問題。

STEP2 タイトルのOperation Process in California Plant（カリフォルニア工場での作業工程）、ステージ1のFresh fruitsやconveyor belt、ステージ2のsorting area、ステージ3のPeeling machines peel the fruits according to the size and shape.（和訳❶）、ステージ4のOranges and grapefruits are cut into slices.、ステージ5のThe cut fruits drop into plastic pouches, and syrup is added.（和訳❷）などの記載から、Wholenew Corporationは食品加工会社だと考えられる。

STEP3 よって、(B)が正解。スーパーマーケットの調理場でも果物を切り分けるが、ステージ7にPouches are labeled and stacked in boxes and moved to the storage area for shipping to major supermarkets.（和訳❸）とあるので、(C)は不正解。

設問の訳 **21.** ホールニュー・コーポレーションはおそらくどんな会社ですか?
(A) 農園 (B) 食品加工会社
(C) スーパーマーケットのチェーン店 (D) 輸送会社

スコアアップのポイント

TOEICでは「ちりばめられた情報を関連付けて答える問題」が出題されます。MP（マルティプルパッセージ）では、文書間で情報を結び付けるクロスリファレンス問題として出題されますが、SP（シングルパッセージ）では、設問21のように項目間や段落間で情報を結び付けて解答する問題が出題されます。4ピースで完成するジグソーパズルがあったとして、1ピースだけではまだ何の絵が完成するのかわからないのと同じように、1箇所に記載されている情報だけでは正解を判断できない設問を問題作成者は意図的に作ります。散りばめられた情報という名のピースを拾い集めて、総合的に正解を判断できるスキルを身に付けましょう。

Q22. 正解 (A) 正答率 ▸▸ 85%

3ステップ解説

STEP1 取り除かれた食品がその後どうなるのかを答える問題。

STEP2 ステージ2の記載に、Workers remove leaves and stems and check for any damaged fruit, which is put into collection bins to be picked up by livestock farmers for animal feed.（和訳❹）とあるので、損傷を受けている果物は**collection bins（収集用の容器）**に入れられ、最終的には**animal feed（動物の餌）**になることがわか

る。

STEP3 よって、(A) が正解。(B) の supplier（納入業者）は、ステージ1に記載されている contracted farms（契約農園）を指すが、果物の栽培農家と **livestock farmers**（**家畜農家**）は別物なので不正解。(D) は、**for disposal**（**処分のために**）という目的が間違っているので不正解。

設問の訳 **22.** 表によると、取り除かれた食品には何が起こりますか?
(A) 別の用途のために取っておかれる。 (B) 納入業者に返品される。
(C) 低価格で販売される。 (D) 処分のためにゴミ箱に捨てられる。

スコアアップのポイント

bin は「瓶」ではなく、プラスチックや金属製の「容器 (=container)」です。TOEICでは **trash bin**（**ごみ箱**）、**recycling bin**（**リサイクル回収箱**）、**overhead bin**（**頭上の荷物入れ**）といったフレーズで登場します。一方、ガラス製の「瓶」は bin ではなく、ビール瓶のように口がすぼんでいるものであれば bottle [bátəl]、ジャムの瓶のように蓋つきのものであれば jar [dʒá:r]、花瓶であれば vase [véis/vá:s] のように、形状によって異なります。TOEICでは **water bottle**（**水筒**）、**glass jar**（**ガラス瓶**）、**arrange[put] flowers in a vase**（**花を花瓶に生ける**）といったフレーズで登場します。

Q23. 正解 (D) 正答率 ▸▸ 87%

3ステップ解説

STEP1 ステージ6が必要な理由を推測して答える問題。

STEP2 ステージ6の記載 Pouches pass through an X-ray inspection system to be checked for any foreign objects like a piece of metal, glass, rubber, or plastic, which may have entered the fruits during processing.（和訳❺）から、このステージは製品の安全性と品質を高めるという観点から、加工処理の過程で混入する可能性がある **foreign object**（**異物**）を **X-ray inspection**（**X線検査**）によって見つけ出すために必要だとわかる。

STEP3 よって、(D) が正解。

設問の訳 **23.** ステージ6はおそらくなぜ必要ですか?
(A) 傷んだ果物を特定するため (B) 食品をより長く保存するため
(C) 袋詰めされた製品を密閉するため (D) 製品の安全性と品質を保証するため

手順書やプロセスチャートでは、順番どおりに読み進めていかないとどのタイミングで何をすべきか（何が行われるのか）がわからなくなってしまうので注意が必要です。たとえ設問に関係なさそうなプロセスやステップであっても、読み飛ばさずにしっかり目を通すようにしましょう。

キーワードをチェック!!

20

	□tentatively	テンタティヴリィ [téntətivli]	副 暫定的に、仮に 同 provisionally
	□legislature	レジスレイチャー [lédʒəsleitʃər]	名 C 議会、立法機関
	□imminent	イミネント [íminənt]	形 差し迫った、切迫した
★	□hesitant	ヘズィタント [hézitənt]	形 ためらった、躊躇した
★	□proponent	プラポウネント [prəpóunənt]	名 C ①主唱者　②支持者、擁護者 反 opponent
	□venture	ヴェンチャー [véntʃər]	名 投機的事業 動 他 思い切って～する、恥を顧みずに～する
★	□initiative	イニシャティヴ [iníʃətiv]	名 UC ①自発的に物事を進めていく能力　②主導権　③(問題解決のための)計画、取り組み
★	□due to ～		①～が理由(原因)で ②～のおかげで
★	□(be) commensurate with ～		～にふさわしい、～と釣り合って
★	□be opposed to ～		～に反対している

意識すべきポイントをチェック!!

❶ 設問数&文書タイプの確認

Questions **24-26** refer to the following **article**.

Point **誰が何のために記事を書いたのかを意識**しながら読む。

❷ レイアウトの確認

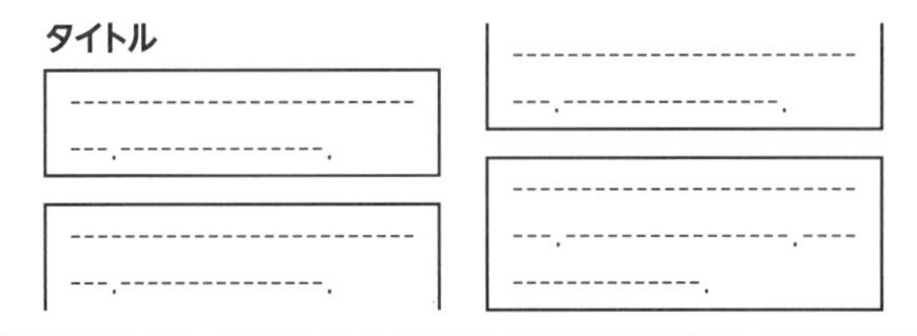

Point **タイトルがある場合は必ず確認**する。
Point **3つの段落で構成されていることを確認**する。

❸ 設問文の確認

24. **What** ...?
25. **What** is **most likely** true about ...?

Point **設問で問われている内容(要点)を記憶**する(最初の2問のみ)。
Point 設問25は**most likelyが使われているので推測して答える。**

戦略 第1段落の文章量が少ないので、第1段落、第2段落を通しで読んで設問24, 25に解答できないかトライ!

❹ 本文を読む

戦略に沿って**内容を記憶しながら**読み進める。
解答の根拠になりそうな記述は特にしっかりと記憶する。

❺ 選択肢の確認

Point 本文の内容の言い換えや誤答の選択肢のひっかけに注意しながら**設問24の選択肢をチェックして正解を判断**する。

❻ 解答する

解答欄にマークする。

※設問26についても、同様に❸〜❻を繰り返す(❹で読む段落は先に進める)

Questions 24-26 refer to the following article. 21

Trendon Daily Chronicle
Statewide News

March 12—Construction of a new Southwest-Northeast highway, tentatively called State Express 21, has finally been approved by the state legislature and governor, and a competition for the best design has been opened.

Experts have been warning of an imminent wave of traffic jams due to the heavily increased vehicle flow we have seen over the last few years. Hesitant to consider any of the proposed plans to solve the issue, the state government has instead been encouraging residents to use more public transportation and rideshare options. The proponents of the construction, however, have long maintained that only a new highway commensurate with the economic growth of the state could be a real solution.

Makilos Construction Corporation Ltd. (MCCL), an international civil engineering company headquartered in Trendon, is one of many firms trying to win the project. Wolfgang Combs, chief architect at MCCL, commented, "Both as an urban engineering professional and a person who was born and raised here, I'm very happy that the administration approved the project. I really cannot see any other ways to improve the quality of life for the residents here."

24. What is the article mainly about?

(A) A new business venture
(B) A recently opened highway
(C) A local government initiative
(D) A company merger

○ △ ×
1回目 □□□ 2回目 □□□ 3回目 □□□

25. What is most likely true about Trendon?

(A) It is attracting a large number of tourists nowadays.
(B) It has a world-famous public transportation system.
(C) Its government has changed its policy on a problem.
(D) Its citizens are opposed to building a highway.

○ △ ×
1回目 □□□ 2回目 □□□ 3回目 □□□

26. What is suggested about Mr. Combs?

(A) He was recently promoted to a managerial position.
(B) He is enthusiastic about winning the best architectural design.
(C) He has an advanced degree in civil engineering.
(D) He has known MCCL since his childhood.

○ △ ×
1回目 □□□ 2回目 □□□ 3回目 □□□

24-26番は次の記事に関するものです。

トレンドン・デイリー・クロニクル
全州ニュース

3月12日—❶ステイト・エクスプレス21と暫定的に呼ばれている南西—北東間を結ぶ幹線道路の新たな建設は、ようやく州議会と州知事の承認を受け、❻最優秀デザインのコンペが開始された。

専門家は、ここ数年で自動車の流れが劇的に増加したことを受け、渋滞の波が押し寄せることになると忠告していた。❷この問題を解決する計画案を検討することに消極的だった州政府は、代わりに住民に対して公共交通機関の利用や相乗りの選択肢を推奨していた。❸しかし、建設の推進者は長い間、州の経済成長に見合う新しい幹線道路が唯一の確かな解決策だと主張してきた。

❹トレンドンに本社を置く国際的な土木建築会社であるマキロス建設会社（MCCL）は、このプロジェクトを勝ち取ろうとしている多くの企業のうちの一社だ。MCCLの建築責任者であるウルフギャング・コームズは「都市工学の専門家として、またここで生まれ育った人間として、行政がこのプロジェクトを承認したことを嬉しく思います。❺ここの住民の生活の質を改善するには、他の方法は考えられません」とコメントした。

Q24. 正解 (C)　正答率 ▸▸ 62%

3ステップ解説

STEP1 主に何についての記事なのかを答える問題。

STEP2 タイトルの Trendon Daily Chronicle Statewide News、および第1段落冒頭文の Construction of a new Southwest-Northeast highway, tentatively called State Express 21, has finally been approved by the state legislature and governor（和訳❶）から、Trendon 州は新しい幹線道路 State Express 21（仮称）の建設を承認したことがわかる。そして第2段落は建設承認に至るまでの経緯、第3段落は契約獲得を狙う建設会社の紹介と続くので、この記事は主にTrendon 州による幹線道路建設計画について書かれているとわかる。

STEP3 よって、(C) が正解。この initiative は「(問題解決のための) 計画、取り組み」という意味。

設問の訳 **24.** 主に何に関する記事ですか?

(A) 新たな投機的事業　(B) 最近開通した幹線道路
(C) 地元政府の取り組み　(D) 企業の合併

スコアアップのポイント

productive や expensive など一般的に -ive で終わる単語は形容詞ですが、TOEICではそれに加えて、名詞の意味を持つ -ive で終わる単語の知識が大事です。470点目標の方は automotive（自動車）、executive（重役）、objective（目標、目的）、600点目標の方は representative（担当者）、730点目標の方は alternative（代替品、代案）、900点目標の方は **exclusive**（**独占記事、特ダネ**）、**incentive**（**報酬、刺激**）、**initiative**（**計画、主導権**）を押さえておくとスコアアップにつながります。

Q25. 正解 (C)　正答率 ▸▸ 61%

3ステップ解説

STEP1 Trendon 州について当てはまることを推測して答える問題。

STEP2 第2段落第2文を見ると、Hesitant to consider any of the proposed plans to solve the issue, the state government has instead been encouraging residents to use more public transportation and rideshare options.（和訳❷）とあるので、もともとTrendon 州政府は問題解決に向けた計画案の検討に消極的で、公共交通機関の利用や rideshare options（相乗り〔通勤〕の選択肢）の検討を住民に促していたことがわかる。このことから、Trendon 州政府はこれまでの方針を転換して、幹線道路の建設を推し進めることに

したと考えられる。

STEP3 よって、(C) が正解。第2段落冒頭文で Trendon 州が近年直面している渋滞について触れているが、これが旅行者の増加によるものなのかどうかわからないので、(A) を選ぶことはできない。また、同段落最終文に The proponents of the construction, however, have long maintained that only a new highway commensurate with the economic growth of the state could be a real solution. (和訳❸) とあるが、これは幹線道路建設に賛成の **proponents**（**推進者、擁護者**）の主張を述べている1文であって、citizens（市民）が反対している旨を述べているわけではないので、(D) も不正解。

設問の訳 **25.** トレンドンについておそらく何が正しいですか?
(A) 最近多数の観光客を引き付けている。
(B) 世界的に有名な交通機関のシステムを保有している。
(C) 政府はある問題について方針を変えた。
(D) 市民は幹線道路の建設に反対している。

スコアアップのポイント

(be) commensurate with（～にふさわしい、～と釣り合って）はハイスコアを狙ううえで大事な表現です。Part 7の求人広告に登場する1文 **The salary offer will be commensurate with the candidate's experience.**（**給与は候補者の経験に見合う額を支給いたします**）で押さえておきましょう。

Q26. 正解 (B) 正答率 ▸▸ 53%

3ステップ解説

STEP1 Combs さんについて推測できることを答える問題。

STEP2 第3段落冒頭文の Makilos Construction Corporation Ltd. (MCCL), ..., is one of many firms trying to win the project. (和訳❹)、第2文の Wolfgang Combs, chief architect at MCCL、および最終文の I really cannot see any other ways to improve the quality of life for the residents here. (和訳❺) から、プロジェクトの契約獲得を目指すMCCL社の建築責任者である Combs さんは、幹線道路の建設に意欲的だとわかる。一方、第1段落最終文に a competition for the best design has been opened (和訳❻) とあるので、Combs さんは Trendon 州が受付を開始したコンペで最優秀デザインを獲得することに熱意を燃やしていると考えられる。

STEP3 よって、(B) が正解。**be enthusiastic about**（**～に熱心〔乗り気〕である**）は必ず押さえておきたい。**managerial position**（**管理職**）に昇進したという記述は見当たらないので、(A) は不正解。また、第

3段落中ほどに **as an urban engineering professional**（**都市工学の専門家として**）とあるが、Combs さんが **civil engineering**（**土木工学**）の **advanced degree**（**上級学位**）を持っているかどうかは不明なので、(C) も不正解。さらに、同じく第3段落中ほどに as ... a person who was born and raised here（ここで生まれ育った人として）とあるが、Combs さんが子供の頃からMCCL社のことを知っていたとは限らないので、(D) を選ぶこともできない。

設問の訳 **26.** コームズさんについて何が示唆されていますか?
(A) 最近管理職に昇進した。
(B) 最優秀建築デザインを勝ち取ることに熱心だ。
(C) 土木工学の上級学位を取得している。
(D) 幼いころからMCCL を知っている。

キーワードをチェック!!

22

★	□ preserve	プリザーヴ [prizə́ːrv]	動 他 ①～を保護する ②～を保存する 名 C 自然保護区域
	□ pristine	プリスティーン [prístiːn]	形 ①原始の、手付かずの ②新品同様の
★	□ wildlife	ワイルドライフ [wáildlaif]	名 UC 野生生物
★	□ inhabit	インハビット [inhǽbit]	動 他 ～に生息する、～を住みかとする
	□ backcountry	バックカントリ [bǽkkʌntri]	名 UC 奥地、未開拓地 参 back country でも同じ
★	□ trail	トレイル [tréil]	名 C (舗装されていない) 道、小道
★	□ rugged	ラギッド [rʌ́gid]	形 (土地などが) でこぼこしている、起伏に富んだ
★	□ terrain	テレイン [teréin]	名 C UC 地形、地勢
★	□ altitude	アルティテュード [ǽltituːd]	名 C 海抜、標高
★	□ ranger	レインジャー [réindʒər]	名 C 森林警備隊員
★	□ periodically	ピリアディカリィ [piriɑ́dikəli]	副 定期的に、時々
★	□ stipulate	スティピュレイト [stípjəleit]	動 他 (契約条項として) ～を規定する
★	□ permit	パーミット [pə́ːrmit] パーミット [pərmít]	名 C 許可証 動 他 ～を許可する、認める
★	□ wilderness	ウィルダネス [wíldənəs]	名 単 荒野、未開の地
★	□ habitat	ハビタット [hǽbətæt]	名 C UC (動植物の) 生息地
★	□ intact	インタクト [intǽkt]	形 損なわれていない、手付かずの
	□ trample on ～		～を強く踏みつける
★	□ adhere to ～		(ルールなど) に従う、(法律など) を順守する
★	□ adjacent to ～		～に隣接した

意識すべきポイントをチェック!!

❶ **設問数&文書タイプ**の確認

Questions **27-29** refer to the following **notice**.

Point **誰が何のために何を知らせているのかを意識**しながら読む。

❷ **レイアウト**の確認

--.--------
---------------. -----------------.------------------------------
------------------.--.

------------------.---
------.---.

---------------------.

Point **3つの段落で構成されていることを確認**する。

❸ **設問文**の確認

27. **What** is **suggested** about ...?
28. **What** are ... **NOT** ...?

Point **設問で問われている内容（要点）を記憶**する（最初の2問のみ）。
設問27は**suggestedが使われているので推測して答える。**
設問28は**NOT問題**なので**P24のポイントを意識**する。

戦略 とりあえず第1段落を読んで設問27, 28に解答できないかトライ!

❹ **本文**を読む

--.--------
---------------. -----------------.------------------------------
------------------.--.
第1段落をすべて読む
⋮

Point 設問を念頭に内容を記憶しながら読み進める。

❺ **選択肢**の確認

Point 本文の内容の言い換えや誤答の選択肢のひっかけに注意しながら**それぞれの選択肢をチェックして正解を判断**する。

❻ **解答**する

解答欄にマークする。

※設問29についても、同様に❸～❻を繰り返す（❹で読む段落は先に進める）

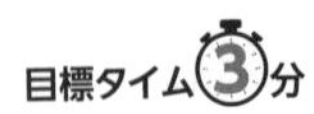

Questions 27-29 refer to the following notice.

Welcome Visitors:

Rockwood Preserve features pristine creeks, waterfalls, old forests, and a wide range of wildlife inhabiting the backcountry. To protect this area's diverse ecosystem, do not remove plants, rocks, or fossils from their locations. When trekking, make sure to stay on the marked trails so as not to trample on or disturb wildlife. Going off of these trails may also increase your chances of injury due to the rugged terrain. Rockwood Preserve is located at high altitudes, so please exercise caution against sudden changes in the weather. Please direct any questions or concerns to our rangers periodically patrolling the area.

Camping is allowed only in designated areas. Campers must strictly adhere to the rules stipulated in our guidebook available at the visitor center. If you would like to stay overnight, you are required to apply for a permit. Just write your name, home address, and phone number on a sign-in sheet at the check-in lodge adjacent to the visitor center. No entrance fee is required, but any small donation is welcome to maintain this preserve. Except for permitted overnight campers, Rockwood Preserve is closed to the public after 7 P.M.

Thank you and enjoy your visit!

Rockwood Preserve Management

27. What is suggested about Rockwood Preserve?

(A) It is a mountain wilderness.
(B) It is a popular tourist destination.
(C) It was recently designated as a wildlife habitat.
(D) It is maintained by local volunteers.

○ △ ×
1回目 □□□ 2回目 □□□ 3回目 □□□

28. What are visitors NOT instructed to do?

(A) Leave natural features intact
(B) Remain on designated trails
(C) Warm up before doing exercise
(D) Seek advice from local rangers

○ △ ×
1回目 □□□ 2回目 □□□ 3回目 □□□

29. According to the notice, how can overnight campers get a permit?

(A) By completing an online form
(B) By going to the visitor center
(C) By making a monetary contribution
(D) By providing particular information

○ △ ×
1回目 □□□ 2回目 □□□ 3回目 □□□

27-29番は次のお知らせに関するものです。

観光客の皆さま、ようこそ：

❶ロックウッド自然保護区は、手付かずの小川、滝、古い森、奥地に生息するさまざまな野生生物を目玉としています。❸この地域の多様な生態系を保護するため、植物や岩、化石を元の場所から持ち去らないでください。❹野生生物を踏みつけたりその生態を乱したりしないよう、❺トレッキングの際は印が付けられた小道から離れないようにしてください。ごつごつした地形のため、これらの道から外れてしまうと怪我をする可能性も高まります。❷ロックウッド自然保護区は標高が高い場所にあるため、天候の急な変化にご注意ください。❻質問や心配な点がありましたら、地域を定期的にパトロールしている森林警備隊にお尋ねください。

キャンプは指定区域のみで許可されています。キャンプをされる方は、訪問者センターで入手可能なガイド本に定められた規則を厳守していただく必要があります。❼宿泊を希望される場合は、許可証の申請が必要です。❽訪問者センターに隣接しているチェックイン・ロッジで、申請書にお名前、ご住所、電話番号を記入するだけです。❾入場料は発生しませんが、この自然保護区の維持のために少額を寄付していただけるとありがたいです。許可を受けた宿泊キャンパーを除く一般客に対して、ロックウッド自然保護区は午後7時に閉門いたします。

ご協力に感謝いたします。観光をぜひお楽しみください。

ロックウッド自然保護区管理人

Q27. 正解 (A)　正答率 ▸▸ 69%

3ステップ解説

STEP1 Rockwood Preserveについて推測されることを答える問題。

STEP2 第1段落冒頭文 Rockwood Preserve features pristine creeks, waterfalls, old forests, and a wide range of wildlife inhabiting the backcountry.（和訳❶）から、Rockwood Preserveは自然豊かな **backcountry**（**奥地、未開拓地**）にあることがわかる。また、同段落7～8行目の Rockwood Preserve is located at high altitudes（和訳❷）から、**high altitude**（**高い標高、高地**）にあることもわかる。

STEP3 よって、(A) が正解。**mountain wilderness** は「**山の原生地域**」という意味。wilderness = a large area of land that has never been developed or farmed のイメージは、インターネットの画像検索で出てくる写真が参考になるのでぜひ見ておこう。Rockwood Preserveが最近 **wildlife habitat**（**野生生物の生息環境**）として指定されたという記述は本文に見当たらないので、(C) は不正解。

設問の訳 **27.** ロックウッド自然保護区について何が示唆されていますか?
(A) 山の原生地域である。
(B) 人気の観光地である。
(C) 最近野生生物の生息地に指定された。
(D) 地元のボランティアによって維持されている。

スコアアップのポイント

preserveは「①～を保護する、②～を保存する」という意味の動詞として使われることが多いですが、TOEICでは「自然保護地区」という名詞の意味で登場することがあります。**nature preserve**（**自然保護地域**）や **state preserve**（**州立自然保護区域**）といったフレーズで押さえておきましょう。

Q28. 正解 (C)　正答率 ▸▸ 71%

3ステップ解説

STEP1 訪問客が指示されていないことを答える問題。

STEP2 NOT問題なので、選択肢と本文の内容を照らし合わせて、本文の内容と合わない選択肢を1つ選ぶ。(A) については、第1段落第2文の To protect this area's diverse ecosystem, do not remove plants, rocks, or fossils from their locations.（和訳❸）や、続く第3文にある so as not to trample on or disturb wildlife（和訳❹）で、自然を損なわないように指示されている。**so as not to** は「**～しないようにするために**」、**trample on wildlife** は「**野生生物を踏みつける**」という意味。(B) については、第1段落第3文の When trekking, make

CHAPTER 1　CHAPTER 2　CHAPTER 3

sure to stay on the marked trails（和訳❺）で、小道から外れないよう指示されている。(D) については、第1段落最終文 Please direct any questions or concerns to our rangers periodically patrolling the area.（和訳❻）で、**local rangers**（**地元の森林警備隊**）に問い合わせるよう指示されている。**direct A to B** は「**AをBに向ける**」という意味。

STEP3 運動前のウォーミングアップは指示されていないので、(C) が正解。第1段落の下から3行目に登場する exercise は「(能力など) を働かせる」という意味の動詞で、名詞の exercise（運動、練習）とは用法・意味が異なる。**exercise caution against sudden changes in the weather**（**天候の急激な変化に注意〔用心〕する**）というフレーズで押さえておこう。

設問の訳 **28.** 訪問者が指示されていないことは何ですか?
(A) 地勢を損なわないようにする　(B) 指定された小道に留まる
(C) 運動前にウォーミングアップをする　(D) 地元の森林警備隊に助言を求める

Q29. 正解 (D)　正答率 ▸▸ 60%

3ステップ解説

STEP1 泊りがけでキャンプをする人が許可証を取得する方法を答える問題。

STEP2 キャンパー向けのガイドが記載されている第2段落の3～4行目を見ると、If you would like to stay overnight, you are required to apply for a permit.（和訳❼）に続いて、Just write your name, home address, and phone number on a sign-in sheet at the check-in lodge adjacent to the visitor center.（和訳❽）と記載されていることから、許可証を取得するためにはビジターセンターに隣接するチェックイン用の小屋に立ち寄って申込用紙に必要事項を記入すればよいことがわかる。

STEP3 よって、(D) が正解。write your name, home address, and phone number の部分を **provide particular information**（**特定の情報を提供する**）と言い換えている。第2段落6～7行目に No entrance fee is required, but any small donation is welcome to maintain this preserve.（和訳❾）とあるが、これはあくまで Rockwood Preserve を保護するために自由意思で寄付をしてもらえるとありがたいと言っているのであって、許可証を取得するために **monetary contribution**（**金銭的貢献、寄付**）をしなければならないと言っているわけではないので、(C) は不正解。

設問の訳 **29.** お知らせによると、泊りがけでキャンプをする人はどのようにして許可証を取得することができますか?
(A) オンラインフォームに入力することによって
(B) 訪問者センターに行くことによって
(C) 寄付をすることによって
(D) 特定の情報を提供することによって

キーワードをチェック!!

24

	単語	発音	意味
★	□ reference	レファレンス [réfrəns]	名 C 推薦(状) UC ①参照、言及　②関係、関連
★	□ enthusiastic	インスューズィアスティック [inθjuːziǽstik]	形 熱心な、熱狂的な
★	□ solid	サリッド [sálid]	形 ①硬い、固体の ②確かな、信頼できる ③(ホテルの部屋が)予約で一杯の
	□ ecological	イーカラジカル [iːkəládʒikəl]	形 ①生態学の　②環境保護の
	□ iconic	アイカニック [aikánik]	形 象徴的な
★	□ relevant	レレヴァント [réləvənt]	形 関係のある、関連する
★	□ interpersonal	インターパーソナル [intərpérsənəl]	形 人間関係の
	□ brainstorming	ブレインストーミング [bréinstɔːrmiŋ]	名 UC ブレーンストーミング ※会議で参加者が自由に意見を出し合い、討議しながら独創的なアイディアを導き出す集団的思考技法
	□ resolve	リザルヴ [rizálv]	動 他 ①(問題など)を解決する ②(～すること)を決心する 名 UC (～しようとする)決意
★	□ typical	ティピカル [típikəl]	形 よくある、典型的な
	□ enhance	エンハンス [enhǽns]	動 他(質など)を高める
★	□ flagship	フラッグシップ [flǽgʃip]	名 C ①旗艦　②(企業の)主力商品
	□ ～ -based		～を拠点とする
	□ cover letter		添え状(書類を送付するときに添える手紙)

意識すべきポイントをチェック!!

❶ 設問数&文書タイプの確認

Questions **30-32** refer to the following **job advertisement**.

Point **求人広告**なので**P18のポイントを意識**する。

❷ レイアウトの確認

--.---------
---------------. -----------------.

----------------.-------------------------------------.----------
---------------------------. -------------------------------------
---------.

-------------------.

Point **3つの段落で構成されていることを確認**する。

❸ 設問文の確認

30. The word "**XXX**" in paragraph 1, line 2, is closest in meaning to
31. **What** ... is **mentioned** ...?

Point **設問で問われている内容(要点)を記憶**する(最初の2問のみ)。設問30は**同義語問題**なので**P23のポイントを意識**する。

戦略 とりあえず同義語問題の場所（第1段落2行目）まで読み進めて、設問30にトライ! そのあとは段落単位で読み進めて残りの設問に解答できないかトライ!

❹ 本文を読む

--.---------
---XXX---------. -----------------.　**まずは同義語問題に解答**

----------------.-------------------------------------.----------
---------------------------. -------------------------------------
---------.　**設問31を念頭に第2段落をすべて読む**

❺ 選択肢の確認

Point 本文の内容の言い換えや誤答の選択肢のひっかけに注意しながら**それぞれの選択肢をチェックして正解を判断**する。

❻ 解答する

解答欄にマークする。

※設問32についても、同様に❸～❻を繰り返す（❹で読む段落は先に進める）

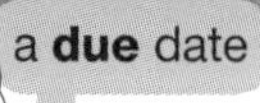

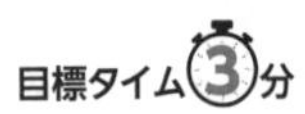

Questions 30-32 refer to the following job advertisement.

Design Engineer   Reference Number: 14932

Singapore-based Zebra Toys, Inc., is seeking an enthusiastic engineer to join our team. We have a solid reputation for manufacturing eco-friendly products made from 100% recycled materials and have factories in Dalian, Manila, and Kuala Lumpur.

The successful applicant will be responsible for designing ecological and easy-to-use toys to expand our iconic Block Master series, so he or she must have a relevant college degree and strong technical drawing skills. The ideal candidate must also have excellent interpersonal skills to work effectively with a variety of people at all levels within a fast-paced environment. Brainstorming sessions with other departments to resolve safety issues are typical to enhance the quality of our products. Experience working in the toy industry is a plus.

If interested, complete an application and send it as an e-mail attachment, along with a cover letter, résumé, and at least two references to careers@zebratoys.com. Applications are available by entering the reference number at zebratoys.com/application.

30. The word “solid” in paragraph 1, line 2, is closest in meaning to

(A) sound
(B) thorough
(C) record
(D) hard

○△× ○△× ○△×
1回目 □□□ 2回目 □□□ 3回目 □□□

31. What duty is mentioned as part of the job?

(A) Resolving ecological problems
(B) Marketing flagship products
(C) Developing some solutions
(D) Visiting overseas factories

○△× ○△× ○△×
1回目 □□□ 2回目 □□□ 3回目 □□□

32. According to the advertisement, why should applicants visit the Web site?

(A) To obtain information about Zebra Toys
(B) To launch a registration process
(C) To confirm the application deadline
(D) To enter the number of references

○△× ○△× ○△×
1回目 □□□ 2回目 □□□ 3回目 □□□

30-32番は次の求人広告に関するものです。

http://www.zebratoys.com/jobs/14932

設計エンジニア　　参照番号：14932

シンガポールに拠点を置くゼブラ・トイズ社は、チームに参加いただける熱心なエンジニアを探しています。弊社は100%リサイクルされた材料から環境に優しい製品を製造することに定評があり、大連、マニラ、クアラルンプールに工場を持っています。

❷採用される応募者には、弊社の象徴的な製品であるブロック・マスターズシリーズの拡大を目的として、環境に優しくて使いやすい玩具の設計業務を担っていただくため、関連する学位と優れた製図技術を持っていなければなりません。理想的な候補者には、ペースの速い環境下であらゆる地位の人々と効果的に仕事をするための優れた対人能力も求められます。❶製品の品質を向上させるために他の部署とブレインストーミングセッションを行って安全上の問題を解決することはよくあります。玩具業界での職務経験があるとより望ましいです。

❸ご興味のある方は応募書類に記入のうえ、添え状、履歴書、そして少なくとも2通の推薦状をメールに添付して careers@zebratoys.com 宛てにお送りください。❹応募書類は zebratoys.com/application にて参照番号を入力することでご入手いただけます。

Q30. 正解 (A)　正答率 ▸▸ 34%

3ステップ解説

STEP1 本文で使われている solid に最も意味が近いものを答える問題。

STEP2 solid には①「硬い、固体の」、②「確かな、信頼できる」、③「(ホテルの部屋が) 予約で一杯の」といった意味があるが、ここでは reputation を修飾していることから、②の意味で使われていると考えられる。

STEP3 よって、同じ意味を持つ (A) の sound（しっかりとした、健全な）が正解。**have a solid reputation**（**確かな評判を得ている、定評がある**）と **have a sound reputation**（**しっかりとした評判がある**）をセットで覚えておこう。

設問の訳 30. 第1段落2行目の "solid" に最も意味の近い語は?

(A) 健全な　(B) 徹底的な
(C) 記録的な　(D) 固い

スコアアップのポイント

sound には名詞で「音」、動詞で「〜のように聞こえる〔思われる〕」、形容詞で①「しっかりとした、健全な」、②「(理解や知識などが) 完全な、徹底した」、③「(眠りが) 深い、安らかな」といった意味があります。特に形容詞の sound は Part 7 の同義語問題で問われる可能性があるため、900点以上を目指す人は、**give[offer/provide] sound advice**（**健全なアドバイスをする**）、**get a sound understanding of the hospitality industry**（**接客産業を完全に理解する**）、**prevent sound sleep**（**安眠を妨げる**）といったフレーズで押さえておきましょう。

Q31. 正解 (C)　正答率 ▸▸ 57%

3ステップ解説

STEP1 職務の一部として述べられているものを答える問題。

STEP2 第2段落の下から2〜4行目の Brainstorming sessions with other departments to resolve safety issues are typical to enhance the quality of our products. (和訳❶) から、製品の品質を高めるために他の部署とのブレーンストーミングによって **safety issues**（**安全性に関する問題**）に対する解決策を考え出すことがデザインエンジニアの職責の1つだとわかる。

STEP3 よって、(C) が正解。**develop some solutions** は「**いくつか解決策を生み出す**」という意味。(A) は、Resolving ecological problems ではなく Resolving safety problems であれば正解。また、第2段落冒頭文 The successful applicant will be responsible for designing ecological and easy-to-use toys to expand our iconic Block Master series（和訳❷）の our iconic Block Master series を **flagship products**（**主力製品**）と言い換えていると考えることはできるが、ここでは Block Master シリーズを増やすためにエンジニアとして製品をデザインする職責について述べているのであって、マーケティングについて述べているわけではないので、(B) も不正解。

設問の訳 **31.** 仕事の一部として述べられている責務は何ですか?
(A) 生態学的問題を解決する (B) 主力製品を宣伝する
(C) 解決策を生み出す (D) 海外の工場を訪れる

スコアアップのポイント

typical（よくある、典型的な）は、主にリーディングセクションで登場するスコアアップに欠かせない単語です。type（型）の形容詞なので「型にはまった→典型的な→よくある」と覚えておくと忘れません。TOEICに頻出する prototype も、「prototype（試作品）= proto（最初の）+ type（型）」で押さえておくようにしましょう。

Q32. 正解 (B) 正答率 ▸▸ 43%

3ステップ解説

STEP1 応募者がウェブサイトを訪れるべき理由を答える問題。

STEP2 第3段落第1文を見ると、If interested, complete an application and send it as an e-mail attachment, along with a cover letter, résumé, and at least two references to careers@zebratoys.com.（和訳❸）とあるので、求人に応募するには申込書への記入が必要だとわかる。また、続く第2文 Applications are available by entering the reference number at zebratoys.com/application.（和訳❹）から、申込書は Zebra Toys 社のウェブサイト上で **reference number**（**参照番号**）の14932（求人広告の右上に記載あり）を入力すれば入手できることがわかる。

STEP3 以上より、応募者は申込書を入手して **registration process**（**登録手続き**）を開始するためにウェブサイトを訪れると言えるので、(B) が正解。Zebra Toys 社の情報を得るためにウェブサイトにアクセスすべきだとは書かれていないので、(A) は不正解。第3段落3行目の **at least two references**（**少なくとも2通の推薦状**）に惑わされて、(D) の **To enter the number of references**（**推薦状〔推薦者〕の数を入力するため**）を選ばないように注意したい。

設問の訳 **32.** 広告によると、応募者はなぜウェブサイトにアクセスするべきですか?
(A) ゼブラ・トイズ社の情報を入手するため
(B) 登録手続きを開始するため
(C) 応募の締切りを確認するため
(D) 推薦状の数を入力するため

キーワードをチェック!!

26

	単語	発音	意味
★	□ regarding	リガーディング [rigáːrdiŋ]	前 ～に関して 同 concerning
★	□ pleasant	プレゼント [plézənt]	形 ①楽しい ②(人が)感じの良い ③(気候などが)心地よい
★	□ courteous	カーティアス [kə́ːrtiəs]	形 礼儀正しい
★	□ furnishings	ファーニシングズ [fə́ːrniʃiŋz]	名 複 (備え付けの)家具、(カーテンやカーペットなどの)インテリア用品
★	□ ambience	アンビアンス [ǽmbiəns]	名 単 (場所が醸し出す)雰囲気 同 atmosphere
★	□ amenity	アメニティ [əménəti]	名 C ①生活などを快適にするもの ②(ホテルの)備品、設備
	□ humidifier	ヒューミディファイアー [hjuːmídəfaiər]	名 C 加湿器
★	□ accommodation	アカマデイシャン [əkɑmədéiʃən]	名 UC 宿泊施設 注 (米)では通例 accommodations
★	□ referral	リファーラル [rifə́ːrəl]	名 C UC 紹介、推薦
★	□ respondent	リスパンデント [rispɑ́ndənt]	名 C 応答者、回答者
	□ housekeeper	ハウスキーパー [háuskiːpər]	名 C ①(ホテルなどの)客室清掃係 ②家政婦
★	□ eligible	エリジャバル [élidʒəbəl]	形 資格のある、ふさわしい
★	□ refer	リファー [rifə́ːr]	動 自 ①(～について)言及する ②(～を)参照する 注 ①②とも通例 refer to ～ 他 (人)を差し向ける、(人)を紹介する
	□ in an effort to ～		～しようと努力して
★	□ get in touch with ～		～と連絡をとる
★	□ word of mouth		口コミ

意識すべきポイントをチェック!!

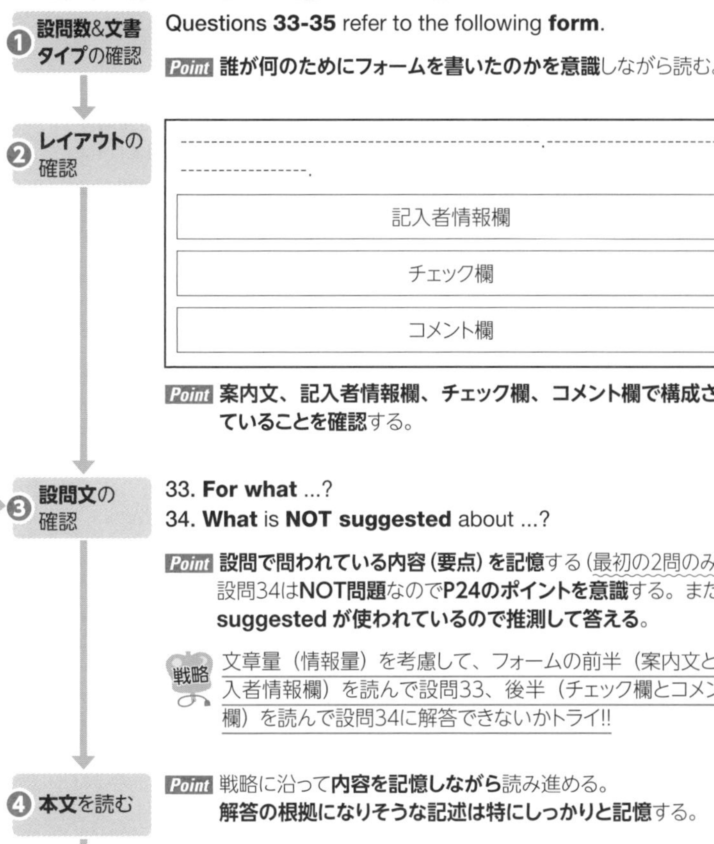

❶ 設問数&文書タイプの確認

Questions **33-35** refer to the following **form**.

Point **誰が何のためにフォームを書いたのかを意識**しながら読む。

❷ レイアウトの確認

---.---.

記入者情報欄

チェック欄

コメント欄

Point **案内文、記入者情報欄、チェック欄、コメント欄で構成されていることを確認**する。

❸ 設問文の確認

33. **For what** ...?
34. **What** is **NOT suggested** about ...?

Point **設問で問われている内容(要点)を記憶**する(最初の2問のみ)。設問34は**NOT問題**なので**P24のポイントを意識**する。また、**suggested が使われているので推測して答える。**

戦略 文章量(情報量)を考慮して、フォームの前半(案内文と記入者情報欄)を読んで設問33、後半(チェック欄とコメント欄)を読んで設問34に解答できないかトライ!!

❹ 本文を読む

Point 戦略に沿って**内容を記憶しながら**読み進める。**解答の根拠になりそうな記述は特にしっかりと記憶**する。

❺ 選択肢の確認

Point 本文の内容の言い換えや誤答の選択肢のひっかけに注意しながら**それぞれの選択肢をチェックして正解を判断**する。

❻ 解答する

解答欄にマークする。

※設問35についても、同様に❸〜❻を繰り返す(本文は全て読み終えているので基本的に❹はスキップするが、記憶が曖昧な場合は該当箇所のみ再度見返す)

Questions 33-35 refer to the following form. ⤓27

Cobble Beach Hotel

Thank you for choosing Cobble Beach Hotel for your recent stay. In a concerted effort to better serve our guests, we would like some feedback about your experience with us. Please take a moment to fill out the survey below.

Guest name: *Emma Kahn*
Check-in Date: *July 3* **Check out Date:** *July 5*

May we get in touch with you regarding your answers below?
☑ Yes (phone: *225-555-0415*) ☐ No

How did you find out about our hotel? (first-time guests only)
☐ Web site ☐ guidebook ☑ word of mouth ☐ other ( )

	Strongly Disagree	Disagree	Agree	Strongly Agree
The hotel was clean and bright.			✓	
The staff was pleasant, courteous, and professional.				✓
The furnishings in your room matched our resort ambience.		✓		
The room amenities were useful.	✓			

Comments
Your hotel employees were personable yet professional. Monica, one of your cleaning staff, was especially helpful in recovering my missing ring. The room safe door wouldn't close, most likely because of its dead battery, and the humidifier didn't work. All in all, though, I was satisfied with the accommodation and services. As indicated on your Web site, I'd like to take advantage of the referral program to get a 10% discount on my next stay!

33. For what could Cobble Beach Hotel use the information they collect from the form?

(A) Boosting an advertising campaign
(B) Attracting first-time customers
(C) Enhancing its travel services
(D) Contacting survey respondents

	○ △ ×		○ △ ×		○ △ ×
1回目	□□□	2回目	□□□	3回目	□□□

34. What is NOT suggested about Ms. Kahn?

(A) She stayed at the hotel for the first time.
(B) She enjoyed the room atmosphere.
(C) She failed to use a security box.
(D) She talked with a housekeeper.

	○ △ ×		○ △ ×		○ △ ×
1回目	□□□	2回目	□□□	3回目	□□□

35. How can Ms. Kahn become eligible for a discount?

(A) By referring someone who books the hotel room
(B) By completing a questionnaire through a Web site
(C) By mentioning a promotion at the front desk
(D) By making an online reservation for her next stay

	○ △ ×		○ △ ×		○ △ ×
1回目	□□□	2回目	□□□	3回目	□□□

33-35番は次のフォームに関するものです。

コブル・ビーチホテル

この度は宿泊先としてコブル・ビーチホテルを選んでいただきありがとうございました。お客様により良いサービスを提供させていただくための協調努力の一環として、お客様が当ホテルで体験されたことについてご意見をお聞かせください。下記アンケートに記入する時間を少しいただければと存じます。

お客様のお名前： エマ・カーン
チェックイン日： 7月3日　**チェックアウト日：** 7月5日

❶以下のご回答に関してこちらから連絡を差し上げてもよろしいでしょうか?

☑ はい（電話番号： 225-555-0415 ）　□ いいえ

❷当ホテルをどちらでお知りになりましたか? (初めてご利用のお客様のみ)

□ ウェブサイト　□ ガイド本　☑ 口コミ　□ その他（　　　）

	強くそう思わない	そう思わない	そう思う	強くそう思う
ホテルは清潔で明るかった。			✓	
スタッフは親切で丁寧でプロフェッショナルだった。				✓
❺部屋の家具は当リゾートの雰囲気に合っていた。		✓		
部屋のアメニティーが役に立った。	✓			

コメント

ホテルの従業員は愛想がよくプロフェッショナルでした。❹清掃スタッフの一人であるモニカさんには、私が紛失した指輪を見つける際にとても助けていただきました。❸おそらくバッテリーが切れていたせいで部屋の金庫の扉は閉まらず、また加湿器も稼働しませんでした。ただ、全体的に見て宿泊施設とサービスには満足しています。❻ウェブサイトに記載されている通り、次回は紹介プログラムを利用して10パーセント引きで宿泊したいと思います!

Q33. 正解 (D)　正答率 ▸▸ 26%

3ステップ解説

STEP1 フォームで集めた情報が何のために使われる可能性があるのか答える問題。

STEP2 フォーム上の質問項目 May we get in touch with you regarding your answers below?（和訳❶）の回答を見ると、Yes にチェックが入っており、回答者である Kahn さんの電話番号が記載されていることから、この情報は Kahn さんに連絡するために使われる可能性があることがわかる。

STEP3 よって、(D) が正解。**get in touch with**（**〜と連絡をとる**）を contact で、Kahn さんのようなフォームの記入者を **survey respondents**（**調査〔アンケート〕の回答者**）でそれぞれ言い換えている。広告キャンペーンを推進するために情報が使われるかどうかはフォーム上の記載からは判断できないため、(A) は不正解。また、これまで Cobble Beach Hotel を利用したことのないお客様を引き付けるために情報が使われるかどうかは本文の記述からは判断できないため、(B) も不正解。さらに、Cobble Beach Hotel は旅行会社ではないため、(C) を選ぶこともできない。

設問の訳　**33.** コブル・ビーチホテルはフォームで集めた情報を何に利用する可能性がありますか?

(A) 広告キャンペーンを促進する　(B) 初めての利用客を引き付ける
(C) 旅行サービスを向上させる　(D) アンケートの回答者に連絡する

Q34. 正解 (B)　正答率 ▸▸ 60%

3ステップ解説

STEP1 Kahn さんについて推測できないことを答える問題。

STEP2 NOT 問題なので、選択肢と本文の内容を照らし合わせて、本文の内容から推測できないものを1つ選ぶ。(A) については、初回利用者向けの質問項目 How did you find out about our hotel? (first-time guests only)（和訳❷）で、**word of mouth**（**口コミ**）のところにチェックが付いていることから、Kahn さんは今回初めて Cobble Beach Hotel に宿泊したと考えられる。(C) については、Comments 欄の3〜4行目に The room safe door wouldn't close, most likely because of its dead battery, and the humidifier didn't work.（和訳❸）とあるので、Kahn さんは部屋に備え付けられている金庫を使うことができなかったと考えられる。デジタル式の **room safe**（**部屋の金庫**）を **security box**（**貴重品入れ**）と言い換えている。(D) については、Comments 欄の第2文 Monica, one of your cleaning staff, was especially helpful in recovering my missing ring.（和訳❹）から、Kahn さんは指輪を探すにあたって客室清掃員と話したと考えられる。cleaning staff（清掃員）を **housekeeper**（**客室清掃係**）と言い換えている。

STEP3 表形式のチェック欄を見ると、上から3番目の質問項目 The furnishings in your room matched our resort ambience.（和訳❺）は Disagree にチェックが付いていることから、Kahn さんは部屋ではリゾートの雰囲気を楽しむことができなかったと推測できる。よって、(B) が正解。

設問の訳 **34.** カーンさんについて示唆されていないことは何ですか?
(A) このホテルに初めて宿泊した。
(B) 部屋の雰囲気を楽しんだ。
(C) 貴重品入れを使用できなかった。
(D) 清掃員と話をした。

スコアアップのポイント

TOEICでは atmosphere と ambience をセットで覚えておくとスコアアップにつながります。どちらも「雰囲気」という意味ですが、atmosphere は「人が漂わせる雰囲気」「場所が醸し出す雰囲気」のどちらも表すことができるのに対して、ambience は主に「場所が醸し出す雰囲気」を表します。それぞれ **casual atmosphere**（**くつろいだ雰囲気**）、**create an atmosphere of cooperation**（**協力的な雰囲気を生み出す**）、**quiet ambience**（**静かな雰囲気**）、**rural ambience**（**田舎の雰囲気**）といったフレーズで押さえておきましょう。

Q35. 正解 (A)　　正答率 ▸▸ 55%

3ステップ解説

STEP1 どうすれば Kahn さんは割引資格を得ることができるのかを答える問題。

STEP2 Comments 欄の最終文に As indicated on your Web site, I'd like to take advantage of the referral program to get a 10% discount on my next stay!（和訳❻）とあるので、Kahn さんは **referral program**（**紹介プログラム**）を利用して Cobble Beach Hotel を知り合いに紹介して宿泊させることで、次回の宿泊時に10%の割引資格が得られるとわかる。

STEP3 よって、(A) が正解。**refer someone** は「**人を紹介する**」という意味。(B) ～ (D) は、割引資格を得るための方法として本文に記載がないので不正解。

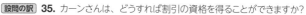

設問の訳 **35.** カーンさんは、どうすれば割引の資格を得ることができますか?
(A) ホテルの部屋を予約してくれる人を紹介することによって
(B) ウェブサイトでアンケートに答えることによって
(C) 受付でプロモーションについて言及することによって
(D) 次回の宿泊をオンラインで予約することによって

スコアアップのポイント

TOEICに登場する refer の5つの用法

用法	意味
refer to〈文書〉	〈文書〉を参照する
refer to〈人／モノ〉	〈人／モノ〉に言及する
refer〈人〉to〈文書〉	〈人〉に〈文書〉を参照させる
refer〈人／モノ〉to〈人〉	〈人／モノ〉を〈人〉に差し向ける
refer〈人〉	〈人〉を紹介（推薦）する

refer は re（後ろ）+ fer（運ぶ）なので、自分の後ろにある対象に目線を運ぶ（意識を向けて参照したり言及する）イメージ、または人をどこかに運ぶ（差し向けたり紹介する）イメージで押さえておきましょう。また、refer の名詞として、**reference**（**参照、言及、推薦状**）と **referral**（**紹介、推薦**）の2つを覚えておくことも大事です。

Good work!

CHAPTER 2

SP

シングルパッセージ

4問タイプ

キーワードをチェック!!

28

	□award	アウォード [əwɔ́ːd]	動 他（賞など）を与える 名 C 賞
	□renovate	レナヴェイト [rénəveit]	動 他 ～を改装する
★	□decade	デケイド [dékeid]	名 C 10年（間）
★	□reinforce	リーインフォース [riːənfɔ́ːrs]	動 他 ①（建物など）を強化（増強）する ②（意見や考えなど）を強固なものにする
★	□precaution	プリコーシャン [prikɔ́ːʃən]	名 C 予防策、用心
★	□entail	インテイル [intéil]	動 他（必然的に）～を伴う
★	□discontinued	ディスカンテニュード [diskəntínjud]	形（製造などが）中止された
	□brochure	ブロウシュアー [brouʃúr] ブラウシャ [bróuʃjuə]	名 C パンフレット 同 pamphlet、booklet（小冊子） 関 flier、leaflet（チラシ）
★	□apprentice	アプレンティス [əpréntis]	名 C 見習い、実習生
	□competent	カンピテント [kámpitənt]	形 有能な
★	□conclude	カンクルード [kənklúːd]	動 自 他 ①（～という）結論を出す ②（～を）終える、終了する
	□lightweight	ライトウェイト [láitweit]	形 軽量の
★	□certain	サートゥン [sə́ːrtn]	形 ①ある、特定の ②確信して
★	□incompatible	インカンパティブル [inkəmpǽtəbəl]	形 ①（性格や考え方などが）相いれない、合わない ②（機器などが）互換性のない 反 compatible
	□(be) inclusive of ～		～を含んで
	□please rest assured that ～		～は（保証されているので）ご安心ください
★	□bring forward ～		（日程など）を早める、前倒しにする

意識すべきポイントをチェック!!

❶ 設問数&文書タイプの確認

Questions **36-39** refer to the following **e-mail**.

Point **誰が何のためにメールを出したのかを意識**しながら読む。

❷ レイアウトの確認

Point **ヘッダー情報、署名を見て送受信者名、日付、件名、添付ファイルの有無を確認**する。

Point **3つの段落+締めの1文で構成されていることを確認する。**

❸ 設問文の確認

36. According to the e-mail, **when** ...?

37. What is mentioned about ...?

Point **設問で問われている内容(要点)を記憶**する(最初の2問のみ)。

第1段落の文章量が少ないので、第1段落、第2段落を通しで読んで設問36, 37に解答できないかトライ!

❹ 本文を読む

Point 戦略に沿って**内容を記憶しながら**読み進める。読み始めた段落はできるだけ最後まで読んで選択肢の確認に移る。

❺ 選択肢の確認

Point 本文の内容の言い換えや誤答の選択肢のひっかけに注意しながら**それぞれの選択肢をチェックして正解を判断**する。**正解を判断できない場合は、解答を保留**して先に進む。

❻ 解答する

解答欄にマークする。

※設問38, 39についても、同様に❸～❻を繰り返す(❹で読む段落は先に進める)

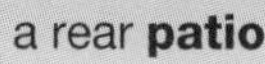
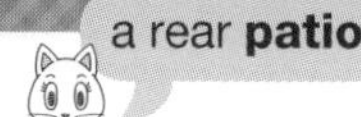

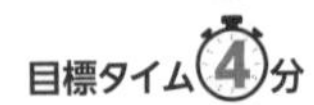

Questions 36-39 refer to the following e-mail.

↓29

To:	Josefa Aingo <j.aingo@bipmail.com>
From:	Spence Ross <sross@zaymonbuilders.net>
Date:	April 18
Subject:	Home Project

Dear Ms. Aingo,

Thank you for your e-mail of April 2 awarding us the contract to renovate your summer home in Perisville. You told us that the structure hasn't had any real improvements for over two decades and, having inspected it on April 14, I support your suggestion that all windows and three of the doors be replaced. As a safety precaution, foundational and support structures should be reinforced as well.

Our plan, tentatively scheduled to commence on May 8 in the proposal, would entail replacing the old glass panels with new, double-layered ones. We would start on the doors after that. As discussed, the window frames themselves are in good condition, but we have to modify them since they are incompatible with the new panels. If you agree to replace the window frames, you need to select other brands, as the models currently on your house have been discontinued. I am attaching a brochure of our partner Merth Frame Co. This business manufactures the solid oak frames we ordinarily use.

The estimated total has been revised downward to $19,850, inclusive of labor and materials. This is because we will be operating with two apprentices. They have been training with us for six months on door upgrades and replacements, so please rest assured that they are fully competent in their work. Just in case, we would like to bring forward the original project start date by one week to avoid any incident that could cause delays. This change would ensure that we can conclude the project well ahead of the house party that you have scheduled on May 22.

Please let me know if you have any questions.

Sincerely,

Spence Ross
Co-owner, Zaymon Builders

36. According to the e-mail, when will the project probably start?

(A) On May 1
(B) On May 8
(C) On May 15
(D) On May 22

○ △ ×
1回目 □□□ 2回目 □□□ 3回目 □□□

37. What is mentioned about the current window frames in Ms. Aingo's summer home?

(A) They are compatible with the new panels.
(B) They are no longer manufactured.
(C) They are more lightweight than others.
(D) They are made by Merth Frame Co.

○ △ ×
1回目 □□□ 2回目 □□□ 3回目 □□□

38. Why was the cost estimate changed?

(A) Mr. Ross decided to use some new equipment.
(B) The cost of certain products has been reduced.
(C) Ms. Aingo pointed out a mistake on renovation figures.
(D) Less experienced workers will be involved in the project.

○ △ ×
1回目 □□□ 2回目 □□□ 3回目 □□□

39. What is suggested about Ms. Aingo?

(A) She moved to Perisville twenty years ago.
(B) She has contracted with Zaymon Builders before.
(C) She plans to hold an event at her summer home.
(D) She insists on keeping the old window frames.

○ △ ×
1回目 □□□ 2回目 □□□ 3回目 □□□

36-39番は次のメールに関するものです。

宛先：	ジョセファ・アインゴ <j.aingo@bipmail.com>
送信者：	スペンス・ロス <sross@zaymonbuilders.net>
日付：	4月18日
件名：	ホームプロジェクト

アインゴさま

❶4月2日付のメールにて、ペリスビルにある別荘の修繕を弊社に発注していただける旨ご連絡いただきありがとうございます。❿建物は20年以上ほとんど改修を行っていないということでしたが、4月14日に調査した結果、すべての窓と3つのドアを取り換えるという貴方のご提案を支持いたします。また、安全対策のために基礎と支持構造物も補強した方がよろしいかと思います。

❷弊社の計画は、提案書の中では暫定的に5月8日の着工を予定しておりますが、古いガラスパネルを二層構造の新しいものに取りかえる作業を伴います。ドアの作業はその後に行います。ご説明させていただいた通り、窓枠そのものの状態は良好ですが新しいパネルと規格が異なるため修正が必要となります。❹窓枠の交換をご了承いただける場合は、お客様の家で現在ご使用のモデルは製造を終了しているため、別のブランドからお選びいただく必要があります。❺弊社と提携しているマース・フレーム社のパンフレットを添付いたします。この会社では、弊社がよく使用している硬いオーク材のフレームを製造しています。

❻見積価格は、人件費と材料費を含めて19,850ドルに下方修正いたしました。❼これは、弊社が2名の実習生とともに施工するためです。❽彼らは弊社で半年間ドアの改修や交換の訓練をしてきており、作業を行う能力は十分にありますのでご安心ください。念のため、❸遅れの原因となり得るいかなる出来事も避けるために、プロジェクトの開始日を当初の予定から1週間前倒しさせていただきたいと考えております。この変更により、確実に❾お客様がホームパーティーを予定されている5月22日よりも前に余裕を持ってプロジェクトを完了させることができるかと思います。

ご不明な点がありましたらご連絡ください。

スペンス・ロス
ゼイモン・ビルダーズ共同経営者

Q36. 正解 (A)　　正答率 ▸▸ 41%

3ステップ解説

STEP1 プロジェクトの開始日を推測して答える問題。

STEP2 メールの第1段落冒頭文に Thank you for your e-mail of April 2 awarding us the contract to renovate your summer home in Perisville.（和訳❶）とあることから、メールの差出人である Zaymon Builders の Ross さんは、Aingo さんの **summer home**（**夏用の家、別荘**）の改装を行うことがわかる。そのスケジュールについては、第2段落冒頭に Our plan, tentatively scheduled to commence on May 8 in the proposal（和訳❷）とあるが、第3段落5〜7行目を見ると、Just in case（念のため）と前置きしたうえで、we would like to bring forward the original project start date by one week to avoid any incident that could cause delays（和訳❸）と、もともと予定していた5月8日のプロジェクト開始日を1週間前倒ししたいと Aingo さんに伝えている。

STEP3 よって、(A) が正解。bring forward は「(日程など) を早める、前倒しにする」という意味。たとえ第2段落冒頭の May 8 を見て (B) を選んだとしても、あとで第3段落の5〜7行目を見て (A) に選び直せる力が大事。また、bring forward の意味がわからなくても、to avoid any incident that could cause delays（遅れの原因となり得るいかなる出来事も避けるために）の記述を見て、bring forward は予定の "後ろ倒し" ではなく "前倒し" を意味する句動詞ではないかと推測できれば、(C) を選ぶこともない。

設問の訳 **36.** メールによると、プロジェクトはおそらくいつから開始しますか?

(A) 5月1日　(B) 5月8日

(C) 5月15日　(D) 5月22日

スコアアップのポイント

bring forward = move up（〔日程など〕を早める、前倒しにする）と、その逆の push back（〔日程など〕を後ろにずらす）を併せて押さえておくとスコアアップにつながります。それぞれ、**bring forward the meeting**（**ミーティングを前倒しする**）、**move up a deadline**（**締め切りを繰り上げる**）、**push back the departure time**（**出発時刻を後ろにずらす**）というフレーズで覚えておきましょう。

Q37. 正解 (B)　　正答率 ▸▸ 76%

3ステップ解説

STEP1 Aingo さんが所有する別荘の現在の窓枠について言及されていることを答える問題。

STEP2 第2段落5～7行目を見ると、If you agree to replace the window frames, you need to select other brands, as the models currently on your house have been discontinued. (和訳❹) とあるので、Aingo さんの別荘に現在取り付けられている窓枠は既に製造されていないことがわかる。

STEP3 よって、(B) が正解。discontinued（製造中止になって）が no longer manufactured（もはや製造されていない）で言い換えられている。第2段落4～5行目を見ると、we have to modify them since they are incompatible with the new panels とあり、**be incompatible with the new panels** は「**新しいパネルと合わない（規格が異なる）**」という意味なので、(A) は不正解。Merth Frame 社については第2段落の下から1～3行目に I am attaching a brochure of our partner Merth Frame Co. This business manufactures the solid oak frames we ordinarily use. (和訳❺) とあり、Aingo さんの別荘に現在取り付けられている窓枠を作っている会社ではなく、Zaymon Builders と普段取引のある会社として紹介されているので、(D) も不正解。

設問の訳 **37.** アインゴさんの別荘にある現在の窓枠について何が述べられていますか?
(A) 新しいパネルをはめることができる。
(B) もう製造されていない。
(C) 他の窓枠よりも軽い。
(D) マース・フレーム社によって製造されている。

Q38. 正解 (D)　　正答率 ▸▸ 78%

3ステップ解説

STEP1 見積もりが変更された理由を答える問題。

STEP2 第3段落冒頭文に The estimated total has been revised downward to $19,850, inclusive of labor and materials. (和訳❻) とあるので、見積もりは当初の額よりも低くなったことがわかる。続く第2文を見ると、This is because we will be operating with two apprentices. (和訳❼) とあることから、減額の理由は改装作業に **apprentices**（**見習い、弟子**）を使うためだとわかる。

STEP3 よって、(D) が正解。apprentices を less experienced workers と言い換えている。apprentice の意味がわからなくても、続く第3文

They have been training with us for six months on door upgrades and replacements (和訳❽) から、apprentice =「見習い」ではないかと推測できる。

設問の訳 **38.** なぜ見積額は変更されましたか?
(A) ロスさんが新しい機器を使用することにした。
(B) ある製品のコストが下がった。
(C) アインゴさんが修繕に関する数値の誤りを指摘した。
(D) 経験の浅い社員がプロジェクトに関わる予定である。

Q39. 正解 (C)　正答率 ▸▸ 78%

3ステップ解説

STEP1 Aingo さんについて推測できることを答える問題。

STEP2 第3段落最終文を見ると、we can conclude the project well ahead of the house party that you have scheduled on May 22 (和訳❾) とあるので、Aingo さんは5月22日に別荘で **house party** (**ホームパーティー**) を開く予定だということがわかる。

STEP3 よって、(C) が正解。第1段落第2文にある You told us that the structure hasn't had any real improvements for over two decades (和訳❿) では、別荘が **over two decades** (**20年以上**) まともに改装されていない旨を伝えているのであって、Aingo さんが20年前に Perisville に引っ越してきたと述べているわけではないので、(A) は不正解。また、Aingo さんが過去に Zaymon Builders と契約を結んだことがあるかどうかについては本文に記載がなく不明なので、(B) も不正解。

設問の訳 **39.** アインゴさんについて何が示唆されていますか?
(A) 20年前にペリスビルに引っ越した。
(B) 以前ゼイモン・ビルダーズと契約したことがある。
(C) 別荘でイベントを開く予定だ。
(D) 古い窓枠を残すことを強く求めている

ビジネスメールで使える表現

As discussed, ～.
(ご説明させていただいたとおり、～です。)

The estimated total has been revised downward to 〈金額〉.
(見積もりの合計を＜金額＞に減額させていただきました。)

Please rest assured that ～.
(～ですのでどうぞご安心ください。)

Please let me know if you have any questions.
(ご質問がありましたらお知らせください。)

キーワードをチェック!!

30

	語句	発音	意味
★	□ courtesy	カーテスィ [kə́ːrtəsi]	名 C 親切な行い UC 礼儀正しさ 同 politeness
★	□ outstanding	アウトスタンディング [autstǽndiŋ]	形 ①極めて優れた ②未解決の ③未払いの
★	□ balance	バランス [bǽləns]	名 C (口座や負債の) 残高 UC 平衡、均衡 動 自 他 (～の) 平衡 (均衡) を保つ 他 (～の重要性など) を比較検討する
★	□ premises	プレミスィズ [prémisiz]	名 複 (建物を含めた) 土地、(土地を含めた) 建物
★	□ remainder	リメインダー [riméindər]	名 C 残り、残額
	□ numerous	ニューマラス [njúːmərəs]	形 数多くの
★	□ exclusively	イクスクルースィヴリィ [iksklúːsivli]	副 ①独占的に ②唯一、～だけ
	□ multiple	マルティプル [mʌ́ltipl]	形 多数の、複数の
	□ garage	ガラージ [gərάːʒ]	名 C ①車庫 ②自動車整備工場
★	□ be entitled to ～		～の資格 (権利) がある
★	□ unless otherwise specified		別段の定めがない限り
★	□ upon completion (of ～)		(～が) 完了次第
★	□ in one's capacity as ～		～の立場で
	□ at one's earliest convenience		都合が付き次第
★	□ make an exception		例外対応をする

意識すべきポイントをチェック!!

❶ **設問数&文書タイプ**の確認

Questions **40-43** refer to the following **e-mail**.

Point **誰が何のためにメールを出したのかを意識**しながら読む。

❷ **レイアウト**の確認

Point **ヘッダー情報、署名を見て送受信者名、日付、件名、添付ファイルの有無を確認**する。

Point **3つの段落+締めの1文で構成されていることを確認する。**

❸ **設問文**の確認

40. **What** is **a purpose** of the e-mail?

41. **What** is **indicated** about ...?

Point **設問で問われている内容(要点)を記憶**する(最初の2問のみ)。設問40は **a purpose** なのでP23のポイントを意識する。

第1段落の文章量が少ないので、第1段落、第2段落を通しで読んで設問40, 41に解答できないかトライ!

❹ **本文**を読む

ヘッダー情報

---.-----------------------
------.-----------------.----------------------------------.
第1段落、第2段落をすべて読む
--.--------------
----.-----------------------------------.

-----------------------------.--------------------------.

署名

Point 戦略に沿って**内容を記憶しながら**読み進める。読み始めた段落はできるだけ最後まで読んで選択肢の確認に移る。

❺ **選択肢**の確認

Point 本文の内容の言い換えや誤答の選択肢のひっかけに注意しながら**それぞれの選択肢をチェックして正解を判断**する。**正解を判断できない場合は、解答を保留**して先に進む。

❻ **解答**する

解答欄にマークする。

※設問42, 43についても、同様に❸〜❻を繰り返す(❹で読む段落は先に進める)

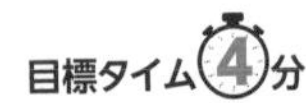

Questions 40-43 refer to the following e-mail. 31

To:	mila.jenkins@onezeromail.com
From:	services@harperautopro.com
Date:	June 23
Subject:	Vehicle information

Dear Ms. Jenkins,

This is a courtesy message to remind you that the annual inspection date for your vehicle is approaching, and our records show that you have not scheduled an appointment for that service. Please reply directly to this e-mail with a date and time that would be convenient for you. As a member, you are entitled to have routine maintenance such as oil changes for a nominal yearly fee of $35.

We also want to draw your attention to the fact that you have outstanding balances for repairs done by us six months ago. Unless otherwise specified on the service agreement, all such work done on our premises must be paid for upon completion. Since you are a longtime customer, Phillip Barayev has allowed you to carry these balances in his capacity as a financial controller, but we can do so no longer. Therefore, please pay the remainder at your very earliest convenience.

Lastly, please visit our Web site to take advantage of the numerous services and parts that are being offered exclusively to our members at a steep discount.

Thank you for your continued trust in us.

Sincerely,

Harper AutoPro

40. What is a purpose of the e-mail?

(A) To recommend that Ms. Jenkins purchase a new vehicle
(B) To notify a customer that a membership fee is due
(C) To alert Ms. Jenkins that a service should be scheduled
(D) To request that a customer's vehicle be repaired

○ △ × ○ △ × ○ △ ×
1回目 □□□ 2回目 □□□ 3回目 □□□

41. What is indicated about Harper AutoPro?

(A) It accepts multiple payment options.
(B) It offers free inspections to new members.
(C) It repaired Ms. Jenkins's vehicle free of charge.
(D) It made an exception for a repeat customer.

○ △ × ○ △ × ○ △ ×
1回目 □□□ 2回目 □□□ 3回目 □□□

42. Who is Mr. Barayev?

(A) An accounting manager
(B) A garage mechanic
(C) A company executive
(D) A sales representative

○ △ × ○ △ × ○ △ ×
1回目 □□□ 2回目 □□□ 3回目 □□□

43. The word "exclusively" in paragraph 3, line 2, is closest in meaning to

(A) enough
(B) only
(C) preferably
(D) exceptionally

○ △ × ○ △ × ○ △ ×
1回目 □□□ 2回目 □□□ 3回目 □□□

40-43番は次のメールに関するものです。

宛先：	mila.jenkins@onezeromail.com
送信者：	services@halperautopro.com
日付：	6月23日
件名：	お車に関する情報

ジェンキンス様

❶このメッセージは、お客様のお車の年次点検日が近づいてきていることをお伝えするためのものですが、当店の記録によるとまだお客様からご予約をいただいていないようです。❷このメールに直接ご返信いただき、ご都合のよい日時をお知らせください。当店の会員として、お客様はオイル交換等の日常保守をわずか35ドルの年会費でお受けいただくことができます。

❸また、半年前の修理代の未払い分がありますので併せてご留意いただければと思います。❹サービス同意書上で別段の定めがない限り、当店でお受けいただいた作業はすべて完了時に代金をお支払いいただく必要がございます。❺お客様には長年ご愛顧いただいているため、フィリップ・バラエフが経理部長という立場で残高の繰り越しを許可しておりましたが、これ以上続けることはできかねます。つきましては、早急に残金をお支払いいただきますようお願い致します。

最後に、当店のウェブサイトにアクセスいただき、会員様限定で大幅割引させていただいているさまざまなサービスや部品をぜひお買い求めください。

今後とも変わらぬご愛顧のほど、よろしくお願い申し上げます。

ハーパー・オートプロ

Q40. 正解 (C)　正答率▸▸81%

3ステップ解説

STEP1 メールが書かれた目的の1つを答える問題。

STEP2 第1段落冒頭文 This is a courtesy message to remind you that the annual inspection date for your vehicle is approaching, and our records show that you have not scheduled an appointment for that service. (和訳❶) で、車検が近づいてきている旨伝えたうえで、続く第2文で Please reply directly to this e-mail with a date and time that would be convenient for you. (和訳❷) と、都合の良い日付を返信するよう依頼している。

STEP3 よって、(C) が正解。alert は「(人) に警告する、注意を促す」という意味。Harper AutoPro は、このメールで Jenkins さんに車検を受けるよう促しているのであって、車を修理するよう依頼しているわけではないので、(D) は不正解。なお、上記の **courtesy message** は「**(お客様などに) 礼儀として〔厚意で〕送るメッセージ**」という意味。

設問の訳 **40.** メールの目的のひとつは何ですか?
(A) ジェンキンスさんに新車の購入を薦めること
(B) 顧客に会費の支払い期限が来ている旨知らせること
(C) ジェンキンスさんにあるサービスを予約すべきだと通知すること
(D) 顧客の車の修理を依頼すること

スコアアップのポイント

メールが書かれた目的の1つを問う設問 (P23の「3. 話題・目的を問う問題」参照) では、いくつか考えらえる目的のうち、選択肢にあるものを選ぶ必要があります。本文を読み始めてすぐ (第1段落) に正解の根拠となる記述を見つけても、それが選択肢にはないケースもあります。設問が What is a purpose of 〈文書〉? であることを確認したら、①「メールの目的はいくつかある」、②「必ずしも第1段落に正解の根拠があるとは限らない」、の2点を意識しながら本文を読み進めるようにしましょう。

Q41. 正解 (D)　正答率▸▸68%

3ステップ解説

STEP1 Harper AutoPro について言えることを答える問題。

STEP2 第2段落冒頭文 We also want to draw your attention to the fact that you have outstanding balances for repairs done by us six months ago. (和訳❸) から、Jenkins さんは6か月前の修理代の **outstanding balances** (**未払い残高**) を抱えていることがわかる。また、続く第2文 Unless otherwise specified on the service agreement, all such work done on our premises must be paid for upon completion.（和訳❹）、および第3文 Since you are a longtime customer, Phillip Barayev has allowed you to carry these balances in his capacity as a financial controller, but we can do so no longer.（和訳❺）から、本来であれば修理が終わり次第その場で全額支払わなければならなかったところを、長年の顧客ということで Jenkins さんは例外的に残金の支払いを猶予されていたことがわかる。

STEP3 よって、(D) が正解。longtime customer を **repeat customer**（**常連客**）と言い換えている。**make an exception** は「**例外対応をする**」という意味。第2段落第2文に登場する **unless otherwise specified**（**別段の定めがない限り**）、同段落第3文に登場する **in one's capacity as**（**〜の立場で**）というフレーズはぜひ押さえておきたい。

設問の訳 **41.** ハーパー・オートプロについて何が示されていますか?
(A) さまざまな支払い方法を受け付けている。
(B) 新規会員に無料点検を提供している。
(C) ジェンキンスさんの車を無料で修理した。
(D) 常連客に例外の対応をした。

スコアアップのポイント

outstanding は、「①極めて優れた、②未解決の、③未払いの」という3つの意味が大事です。それぞれ **outstanding service**（**傑出したサービス**）、**outstanding problem**（**未解決の問題**）、**outstanding bill**（**未払いの請求書**）というフレーズで押さえておきましょう。また、balance は「均衡（バランス）」という意味よりも「(口座や負債の）残高」という意味の方が狙われやすいので、**bank balance**（**銀行の預金残高**）、**credit card balance**（**クレジットカードの利用残高**）、**balance due upon completion**（**残金は完了時にお支払いください**）といったフレーズで押さえておくとスコアアップにつながります。

Q42. 正解 (A)　　正答率 ▸▸ 79%

3ステップ解説

STEP1 Barayev さんが誰なのかを答える問題。

STEP2 第2段落5〜6行目に Phillip Barayev has allowed you to carry these balances in his capacity as a financial controller とあるので、Barayev さんは Harper AutoPro の **financial controller**（**経理〔財務〕部長**）だとわかる。

STEP3 よって、それを accounting manager（経理部長）と言い換えている (A) が正解。

設問の訳 **42.** バラエフさんは誰ですか?
(A) 経理部長
(B) 自動車修理工
(C) 会社役員
(D) 営業担当者

Q43. 正解 (B)

正答率 ▸▸ 80%

3ステップ解説

STEP1 本文で使われている exclusively に最も意味が近いものを答える問題。

STEP2 exclusively は「①独占的に、②唯一、～だけ」という意味なので、(be) being offered exclusively to our members は「会員にだけ（のみ）提供されている」という意味だと考えられる。

STEP3 よって、(B) が正解。exclusively = only で押さえておこう。

設問の訳 **43.** 第3段落2行目の "exclusively" に最も意味の近い語は?
(A) 十分に
(B) 唯一
(C) 望ましくは
(D) 例外的に

ビジネスメールで使える表現

This is a courtesy message to remind you that ~.
（これは〔私たちの〕厚意であなたに～をお知らせするメッセージです。）

Please reply directly to this e-mail with a date and time that would be convenient for you.
（ご都合の良い日時を添えてこのメールに直接返信ください。）

We also want to draw your attention to the fact that ~.
（また、～という事実にも意識を向けていただければと存じます。）

Please pay the remainder at your very earliest convenience.
（都合がつき次第早急に残額をお支払いください。）

Thank you for your continued trust in us.
（弊社に対する変わらぬご信頼に感謝申し上げます。）

キーワードをチェック!!

32

	単語	発音	意味
★	□ acquaintance	アクウェインタンス [əkwéintəns]	名 C 知人 UC 面識
★	□ solely	ソウルリィ [sóul-li]	副 もっぱら、唯一 同 only
★	□ contingency	カンティンジェンスィ [kəntíndʒənsi]	名 C 不測の事態
★	□ fabric	ファブリック [fǽbrik]	名 C UC 生地、織物
	□ clear-sightedness	クリアサイテッドネス [klir-sáitədnəs]	名 UC 判断力の良さ、先見の明
★	□ aptitude	アプティトゥード [ǽptituːd]	名 C UC 能力、才能
	□ methodology	メサダラジ [meθədálədʒi]	名 C UC 方法論
★	□ cutting-edge	カティングエッジ [kʌ́tiŋ-edʒ]	形 最先端の
	□ forge	フォージ [fɔ́ːrdʒ]	動 他 ①（関係など）を築く ②～を偽造する
★	□ institute	インスティテュート [ínstituːt]	名 C 協会、学会、研究機関 動 他（制度など）を設ける
★	□ faculty	ファカルティ [fǽkəlti]	名 C ①（大学の）学部 ②（視聴覚などの）能力 C UC（大学の）教授陣
★	□ pursuit	パースート [pərsúːt]	名 UC 追求
	□ hamper	ハンパー [hǽmpər]	動 他 ～を妨げる
★	□ textile	テクスタイル [tékstail]	名 C 織物、布地 形 織物の
★	□ in regard to ～		～に関して
★	□ insight into ～		～への洞察
★	□ be comparable to ～		①～と比較できる ②～と同等の、～に匹敵する
★	□ be beneficial to ～		～にとって有益である
	□ part from ～		（人）と別れる

意識すべきポイントをチェック!!

①設問数&文書タイプの確認

Questions **44-47** refer to the following **letter**.

Point **誰が何のために手紙を書いたのかを意識**しながら読む。

②レイアウトの確認

Point **本文に1文挿入問題の空所 [1] ～ [4] が空いていることを確認**する。

戦略 「1文挿入問題で与えられている1文」と「最初の設問」を両方チェックしてから本文を読み始める!（P26参照）

③設問文の確認

Point **1文挿入問題の1文→最初の設問の順にチェックして内容（要点）を記憶**する。

47. In which of the positions marked [1], [2], [3], and [4] does the following sentence best belong?
"**XXXXXXXXXXXXXXXXXXXXXXXXXXXXXX**."

44. **Why** ...?

④本文を読む

宛先

------------------------------.------------------.------------
------.– [1] –.------------------------.

----------------------.----------------------------.– [2] –.----
------------------------------.-------------------------------
-----------------.– [3] –.--
----. 解答の根拠が登場するまで段落単位で読み進める

--.------------
-------------.– [4] –.-----------------------------.

署名

Point **途中で空所が登場するたびに、与えられた1文がその場所に挿入できるか否かを検討**する。

⑤選択肢の確認

Point **設問44の選択肢をチェックして正解を判断**する。正解を判断できない場合は、解答を保留して先に進む。

⑥解答する

解答欄にマークする。
設問47は1文がどの空所に入るのかがわかった時点で解答する。

※設問45, 46についても、同様に❸～❻を繰り返す（❹で読む段落は先に進める）

Questions 44-47 refer to the following letter. 33

Isabella Catone
Department of Business and Economics
West River University
431 Monteroy Street
Denver, CO 80210

February 13

Dear Ms. Catone,

I am writing in regards to Zenko Onaga's application for a full-time teaching position with you. —[1]—. I made Mr. Onaga's acquaintance eight years ago at a business conference in Topeka, Kansas, and was so impressed by his speech on quality control that I asked him to accept a position at our company in Breckenridge. He agreed, and we have been working closely ever since.

Mr. Onaga's team was solely responsible for creating contingency plans for any breakdown in operational safety, and he earned high praise as a team leader. —[2]—. His insights into our industry have helped us make more informed decisions across a wide range of issues, including natural and synthetic fibers, fabric quality control, and AI-based automated production. His skills are comparable to our most experienced senior managers and analysts. —[3]—. Mr. Onaga is respected by all staff in our firm for his clear-sightedness and aptitude for mastering new methodologies and cutting-edge technologies.

Additionally, Mr. Onaga has forged a strong relationship with a national research institute, which, I am certain, will be beneficial not only to himself as a future lecturer but also to your faculty. —[4]—. I believe his pursuit of a new career, however, should never be hampered. I recommend him without hesitation, as I am confident that he would be a valuable asset to your institution.

Should you need to contact me, I can be reached on my mobile number at 927-555-0182.

Sincerely,

Oscar Cameron
COO, Brooks House

44. Why did Mr. Cameron send the letter?
(A) To respond to an inquiry about a job opening
(B) To accept an offer to speak at an event
(C) To suggest a colleague for a position
(D) To describe his job responsibilities

○ △ × 1回目 □□□ 2回目 □□□ 3回目 □□□

45. What is indicated about Mr. Onaga?
(A) He is applying for work at various companies.
(B) He met Ms. Catone at a convention in Topeka.
(C) He created innovative synthetic fibers.
(D) He has been recognized by his coworkers.

○ △ × 1回目 □□□ 2回目 □□□ 3回目 □□□

46. For what type of business does Mr. Cameron most likely work?
(A) A textile company
(B) An automobile manufacturer
(C) A consulting firm
(D) An educational institution

○ △ × 1回目 □□□ 2回目 □□□ 3回目 □□□

47. In which of the positions marked [1], [2], [3], and [4] does the following sentence best belong?
"Of course, I will regret parting from him if he is chosen for the position."
(A) [1]
(B) [2]
(C) [3]
(D) [4]

○ △ × 1回目 □□□ 2回目 □□□ 3回目 □□□

44-47番は次の手紙に関するものです。

イザベラ・カトーン様
経営・経済学部
ウェストリバー大学
モンテロイ通り431番地
コロラド州デンバー 80210

2月13日

カトーン様

❶ゼンコウ・オナガが貴学の常勤講師の職に応募した件についてご連絡いたします。— [1] —. 私は8年前カンザス州トピカで行われたビジネス会議でオナガ氏と知り合い、彼の品質管理に関するスピーチに大変感銘を受け、ブレッケンリッジにある弊社の職を引き受けていただけないかとお願いしました。彼は承諾し、それ以来私たちは一緒に仕事をしています。

オナガ氏のチームは、操作の安全性が失われる事態を想定した危機管理計画の作成を一手に引き受け、彼はチームリーダーとして高い評価を得ました。— [2] —. ❹我々の業界に対する彼の洞察力のおかげで、天然／合成繊維や生地の品質管理、AIに基づく自動生産を含め、幅広い問題についてより情報を得た上での決断をすることができました。彼の能力は経験豊富な上級マネージャーやアナリストに匹敵するものです。— [3] —. ❸オナガ氏は、その先見性と、新しい方法論や最先端技術を習得する能力の高さで会社のスタッフ全員から尊敬されています。

❺それに加え、オナガ氏が国立研究所と強固な関係を築いていることは、講師となる彼自身だけでなく貴学の教授陣にとっても有益であると確信しております。— [4] —. ❻しかしながら、新たなキャリアを追求したいという彼の思いは誰にも妨げられるべきではないと考えております。❷彼は貴学にとって貴重な人材になると確信しておりますので、私はためらいなく彼を推薦いたします。

もし私に連絡が必要でしたら、携帯電話番号927- 555- 0182へおかけください。

よろしくお願い申し上げます。

オスカー・キャメロン
ブルックス・ハウス　最高執行責任者

Q44. 正解 (C)　　正答率 ▸▸ 59%

3ステップ解説

STEP1 手紙が送られた理由を答える問題。

STEP2 手紙の宛先および第1段落冒頭文 I am writing in regards to Zenko Onaga's application for a full-time teaching position with you.（和訳❶）から、Cameron さんは Onaga さんの教職への応募の件で West River University の担当者である Catone さんに手紙を書いていることがわかる。また、同段落から、Onaga さんは現在 Cameron さんの会社で働いていると考えられる。それを踏まえて第3段落最終文を見ると、I recommend him without hesitation, as I am confident that he would be a valuable asset to your institution.（和訳❷）とあるので、Cameron さんは同僚の Onaga さんを West River University に推薦するためにこの手紙を書いたのだとわかる。

STEP3 よって、(C) が正解。Cameron さんは **job opening**（**求人**）に関する質問に答えるためにこの手紙を書いたわけではないので、(A) は不正解。

設問の訳 **44.** キャメロンさんはなぜ手紙を送りましたか?
(A) 求人に関する問い合わせに回答するため
(B) イベントで講演するオファーを引き受けるため
(C) ある職に同僚を推薦するため
(D) 職責を説明するため

Q45. 正解 (D)　　正答率 ▸▸ 63%

3ステップ解説

STEP1 Onaga さんについて言えることを答える問題。

STEP2 第2段落最終文を見ると、Mr. Onaga is respected by all staff in our firm for his clear-sightedness and aptitude for mastering new methodologies and cutting-edge technologies.（和訳❸）とあるので、Onaga さんは Brooks House の社員から尊敬されていることがわかる。

STEP3 よって、(D) が正解。all staff in our firm を his coworkers と言い換えている。ここでの **be recognized by** は「**～によって認められている**」という意味。Topeka の会議で会ったのは Catone さんではなくて Cameron さんなので、(B) は不正解。

設問の訳 **45.** オナガさんについて何が示されていますか?
(A) さまざまな会社の仕事に応募している。
(B) トピカの会議でカトーンさんに会った。
(C) 革新的な合成繊維を作った。
(D) 同僚に認められている。

スコアアップ のポイント

recognize は「①～を認識する、②～を認める、③～を表彰〔感謝〕する」という3つの意味が大事です。**The computer doesn't recognize my password.**（**コンピューターがパスワードを認識しない**）、**She has been recognized as a leader.**（**彼女はリーダーとして認められている**）、**Our products are recognized for their quality.**（**当社の製品は品質の良さで定評がある**）、**He was recognized for his work.**（**彼は仕事で表彰された**）、**To recognize an accomplishment**（**業績を表彰するため、功績に感謝するため**）といった文やフレーズを繰り返し音読して瞬時に意味が理解できるようにしておきましょう。また、**certificate of recognition**（**表彰状**）も押さえておくとスコアアップにつながります。

Q46. 正解 (A)　　正答率 ▸▸ 65%

3ステップ解説

STEP1 Cameron さんが勤める会社を推測して答える問題。

STEP2 第2段落3～6行目で、Cameron さんは Onaga さんについて His insights into our industry have helped us make more informed decisions across a wide range of issues, including natural and synthetic fibers, fabric quality control, and AI-based automated production.（和訳❹）と述べているので、Cameron さんは天然繊維や **synthetic fibers**（**合成繊維**）を取り扱い、かつ **fabric quality control**（**生地〔織物〕の品質管理**）が必要な会社に勤めていると考えられる。

STEP3 よって、(A) が正解。

設問の訳 **46.** キャメロンさんはおそらくどんな仕事をしていますか？
(A) 繊維会社　(B) 自動車製造会社
(C) コンサルティング会社　(D) 教育機関

Q47. 正解 (D)　　正答率 ▸▸ 80%

3ステップ解説

STEP1 与えられた1文を挿入する適切な位置を答える問題。

STEP2 1文に含まれる代名詞の him/he、そして the position が指すものが空所の直前の1文（あるいはそれ以前）になければならないという点、また、part from が「(人) と別れる」という意味を表す句動詞である点を踏まえて、文意のつながりを考えながら1文が入る適切な空所を特定する。[4] に入れれば、him/he が直前の文 Additionally, Mr. Onaga ... will be beneficial not only to himself as a future lecturer but also to your faculty.（和訳❺）にある Mr. Onaga を、

the position が a lecturer をそれぞれ指して、大学の講師への転職は Onaga さん自身にとっても West River University の **faculty**（**教授陣**）にとっても良い効果をもたらすものと確信している旨述べたあと、本当は Onaga さんを手放したくないという Cameron さんの胸の内を伝える1文として文意がつながる。また、直後にある対比の1文 I believe his pursuit of a new career, however, should never be hampered.（和訳❻）とのつながりもよい。

STEP3 よって、(D) が正解。[1] に入れると、him/he が直前の文にある Zenko Onaga を、the position が a full-time teaching position を指すことになるが、文意がつながらない。[2] に入れると、him/he は直前の文にある Mr. Onaga を指すが、the position が a team leader を指すことになるので不自然。[3] に入れると、him/he は文脈から Onaga さんを指すのは明らかだが、the position が指すものが明確ではないうえ、Onaga さんの能力について説明している前後の文を不自然に分断してしまう。

設問の訳 **47.** [1]、[2]、[3]、[4] のうち、次の文が入る最も適切な箇所はどこですか?
「もちろん、彼がその職に選ばれたら、私は彼を手放すことを残念に思うでしょう」
(A) [1] (B) [2]
(C) [3] (D) [4]

ビジネスメールで使える表現

I am writing in regards to ~.（~についてご連絡いたします。）

Should you need to contact me, I can be reached on my mobile number at 〈番号〉.
（もし私に連絡が必要な場合は、携帯＜番号＞にかけていただければ繋がります。）

キーワードをチェック!!

34

★	□ gala	ガーラ ゲイラ [gáːlə] [géilə]	名 C 祝祭、にぎやかな催し
★	□ commemorate	カメマレイト [kəmémərèit]	動 他 ①～を祝う、記念する ②（故人など）を偲ぶ
	□ centennial	センテニアル [senténiəl]	名 C 100周年、100年祭
★	□ dedicated	デディケイティッド [dédikèitid]	形 ①献身的な、熱心な ②専用の
★	□ commend	カメンド [kəménd]	動 他 ～を褒める
	□ underprivileged	アンダープリヴァリッジド [ʌndərprívəlidʒd]	形（社会的に）恵まれない
★	□ alternatively	オールターナティヴリィ [ɔːltəːnətivli]	副 あるいは、その代わりに
★	□ former	フォーマー [fɔ́ːrmər]	形 以前の、かつての
	□ charitable	チャリタブル [tʃǽrətəbəl]	形 ①慈善の ②思いやりのある
★	□ particular	パーティキュラー [pərtíkjələr]	形 ①特定の ②好みのうるさい
	□ a bunch of ～		①たくさんの～ ②一房（一束）の～
	□ on a monthly basis		月単位で、毎月
★	□ contribute to ～		①～に貢献する ②～に寄付する ③～に寄稿する ④～の一因となる

意識すべきポイントをチェック!!

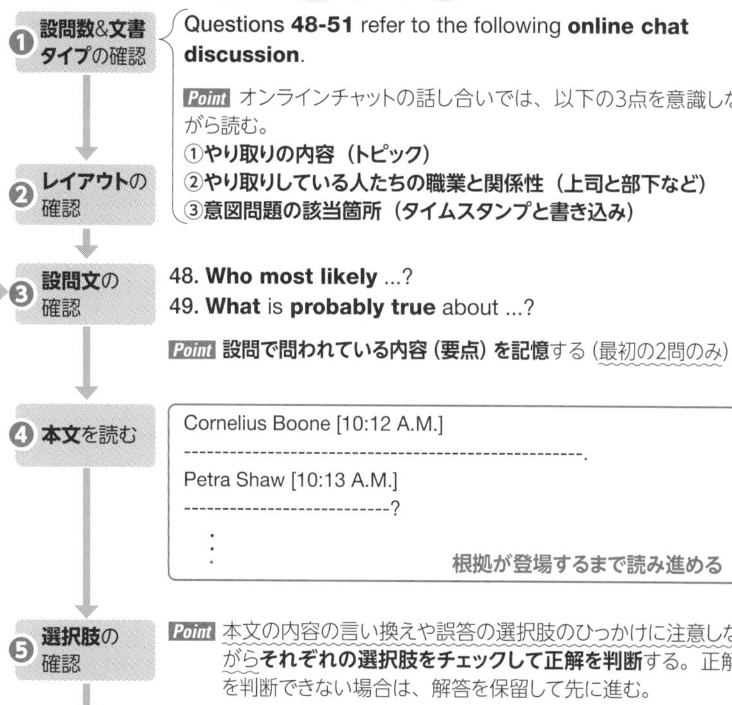

❶ 設問数&文書タイプの確認
Questions 48-51 refer to the following online chat discussion.
Point オンラインチャットの話し合いでは、以下の3点を意識しながら読む。
①やり取りの内容（トピック）
②やり取りしている人たちの職業と関係性（上司と部下など）
③意図問題の該当箇所（タイムスタンプと書き込み）
❷ レイアウトの確認
❸ 設問文の確認
48. Who most likely ...?
49. What is probably true about ...?
Point 設問で問われている内容（要点）を記憶する（最初の2問のみ）。
❹ 本文を読む
Cornelius Boone [10:12 A.M.]
---.
Petra Shaw [10:13 A.M.]
---------------------------?
根拠が登場するまで読み進める
❺ 選択肢の確認
Point 本文の内容の言い換えや誤答の選択肢のひっかけに注意しながらそれぞれの選択肢をチェックして正解を判断する。正解を判断できない場合は、解答を保留して先に進む。
❻ 解答する
解答欄にマークする。

※設問50, 51についても、同様に❸～❻を繰り返す（❹で読む箇所は先に進める）

※書き込みの意図を問う意図問題は、**直前の誰のどのような意見・質問を受けて書き込まれているものなのかをきちんと捉える**ことが大事。**直後の書き込みもヒントになる**ことが多い。

50. At **10:21** A.M., what does Mr. Boone mean when he writes, "XXXXXXXXXX"?

Berend Kwang [10:18 A.M.]
---------------------------.　←直前の書き込み
Cornelius Boone [**10:21** A.M.]
XXXXXXXXXX. ---------------.　←直後の書き込み

Point **文脈の中で書き込みの意図を判断する**ことが大事。

Questions 48-51 refer to the following online chat discussion.

Live Chat

Cornelius Boone [10:12 A.M.]
Hi everyone. I need your feedback on an idea that Berend shared with me a few days ago. It concerns a program that Go2Friends proposed to all Swanton Town factories.

Petra Shaw [10:13 A.M.]
Isn't that the civic group that organized the gala to commemorate our public library centennial?

Cornelius Boone [10:14 A.M.]
It is. The organization is made up of very dedicated people.

Daiyu Cendana [10:15 A.M.]
That's true. They've been commended by the mayor on several occasions for their hard work and public service.

Cornelius Boone [10:16 A.M.]
Okay, I'm glad you're familiar with them. Berend, why don't you go ahead and explain their plan?

Berend Kwang [10:18 A.M.]
Sure. This group has launched a used clothing campaign to help underprivileged families. To participate, we need to collect our used clothes here at our plant and take them to the Millica Road Center. Alternatively, our staff could drop them off there individually.

Cornelius Boone [10:21 A.M.]
I wouldn't do that. We could gain more participation if we asked staff members to simply bring in what they have to the office. I imagine there are unused storage closets in the building basement.

Daiyu Cendana [10:22 A.M.]
I agree. Nobody wants to drive through heavy traffic to the other side of town with a bunch of old clothes in the back seat.

Petra Shaw [10:23 A.M.]
I could take on the task if we go on with the former plan. I pass that area on a monthly basis to meet customers.

Berend Kwang [10:23 A.M.]
Great. Then, since I'm the charity's contact person, I'll draft the memo summarizing everything.

Cornelius Boone [10:24 A.M.]
OK, thanks everyone. See you on Monday.

48. Who most likely are the participants in the online chat discussion?
(A) Staff at a government agency
(B) Coworkers at a manufacturing firm
(C) Employees at a library
(D) Salespeople at a clothing store

○ △ × 1回目 □□□ 2回目 □□□ 3回目 □□□

49. What is probably true about the civic group?
(A) It is a newly established charitable organization.
(B) It has repeatedly contributed to a community.
(C) It provides event information over the Internet.
(D) It is currently expanding.

○ △ × 1回目 □□□ 2回目 □□□ 3回目 □□□

50. At 10:21 A.M., what does Mr. Boone mean when he writes, "I wouldn't do that"?
(A) He needs more details on a proposal.
(B) He disagrees with a client's decision.
(C) He doesn't want to participate in a campaign.
(D) He finds a suggestion unreasonable.

○ △ × 1回目 □□□ 2回目 □□□ 3回目 □□□

51. What will Ms. Shaw do?
(A) Take collected items to a distant center
(B) Contact some valued customers
(C) Help load a vehicle with some boxes
(D) Draw up a draft on a particular event

○ △ × 1回目 □□□ 2回目 □□□ 3回目 □□□

48-51番は次のオンラインチャットの話し合いに関するものです。

Live Chat

コーネリアス・ブーン ［午前10時12分］
皆さん、こんにちは。ベレンドが数日前に私に共有してくれた案について皆さんの意見を伺いたいです。Go2Friends がスワントン町のすべての工場に提案したプログラムに関してです。

ペトラ・ショー ［午前10時13分］
❷その団体は、公立図書館100周年の催しを企画した市民団体ではないですか？

コーネリアス・ブーン ［午前10時14分］
そうです。この団体はとても献身的な人たちで構成されています。

ダイユー・チェンダナ ［午前10時15分］
たしかにそうですね。❸彼らはその懸命な働きぶりと公共のためのサービスで市長から幾度となく表彰されています。

コーネリアス・ブーン ［午前10時16分］
はい、この団体についてご存知のようでよかったです。ベレンド、この計画について説明していただけますか？

ベレンド・クァン ［午前10時18分］
わかりました。この団体は、恵まれない家庭を助けるために古着キャンペーンを始めました。参加するには、❶使用済みの衣類を私たちの工場に集めてミリカ通りセンターに持っていく必要があります。❹もしくは、社員が個別にそこへ持参することもできます。

コーネリアス・ブーン ［午前10時21分］
私はそうしたくはないです。❺単にオフィスに持参するよう社員にお願いすれば参加者の数を増やすことができるのではないでしょうか。工場の地下に使用していない収納用の棚があると思います。

ダイユー・チェンダナ ［午前10時22分］
賛成です。❻渋滞の中、後部座席に古着を山ほど積んだ車を運転して町の反対側まで行きたいと思う人なんて誰もいませんよ。

ペトラ・ショー ［午前10時23分］
❼もし最初の案で進めるのであれば、私がその仕事を引き受けても構いません。月に1度、顧客に会うためにその地域を通りますので。

ベレンド・クァン ［午前10時23分］
素晴らしい。では、私がそのチャリティー事業の連絡窓口なので、すべての内容をまとめた社内連絡の草案を作成します。

コーネリアス・ブーン ［午前10時24分］
わかりました。皆さん、ありがとう。ではまた月曜日に。

Q48. 正解 (B)　　正答率 ▸▸ 46%

3ステップ解説

STEP1 チャットに参加している人たちが誰なのかを推測して答える問題。

STEP2 午前10時12分の Boone さんの書き込みから、チャット参加メンバーは Swanton Town の全工場に提案されているプログラムに関する Berend さんのアイディアについて意見を求められていることがわかる。その上で、午前10時18分の Kwang さんの書き込みを見ると、we need to collect our used clothes here at our plant（和訳❶）とあるので、チャット参加メンバーは工場に勤務していると考えられる。

STEP3 よって、(B) が正解。午前10時13分の Shaw さんの書き込み Isn't that the civic group that organized the gala to commemorate our public library centennial?（和訳❷）の our public library につられて (C) を選ばないように注意。この our は「私たちが勤める」ではなく「私たちが住む Swanton Town の」という意味。それは上記午前10時18分の here at our plant まで読み進めないと判断できない。少しレベルは高いが、**organize a gala**（**祝祭を企画する**）、**commemorate a centennial**（**100周年を祝う**）というフレーズも押さえておこう。

設問の訳　**48.** オンラインチャットのやりとりの参加者はおそらく誰ですか?
(A) 政府機関の職員　(B) 製造会社の同僚
(C) 図書館の従業員　(D) 衣料品店の販売員

Q49. 正解 (B)　　正答率 ▸▸ 74%

3ステップ解説

STEP1 市民団体について当てはまることを推測して答える問題。

STEP2 **civic group**（**市民団体**）である Go2Friends について書かれた、午前10時15分の Cendana さんの書き込みを見ると、They've been commended by the mayor on several occasions for their hard work and public service.（和訳❸）とあるので、Go2Friends はその懸命な働きぶりと公共のためのサービスが認められて、市長から幾度となく表彰されて（褒められて）いることがわかる。

STEP3 よって、(B) が正解。**contribute to a community** は「**地域社会に貢献する**」という意味。Go2Friends が新しく設立されたばかりの **charitable organization**（**慈善団体**）かどうかは、本文の記載からは判断できないので、(A) を選ぶことはできない。また、Go2Friends がイベント情報をインターネットで提供しているかどうかは不明なので、(C) も不正解。

設問の訳 **49.** 市民団体についておそらく正しいことは何ですか?
(A) 新しく設立された慈善団体だ。
(B) 地域に何度も貢献している。
(C) インターネット上でイベント情報を提供している。
(D) 現在拡大している。

Q50. 正解 (D) 正答率 ▸▸ 63%

3ステップ解説

STEP1 Boone さんが "I wouldn't do that" と書き込んでいる意図を答える問題。

STEP2 午前10時18分の Kwang さんの書き込み Alternatively, our staff could drop them off there individually.（和訳❹）を受けて、Boone さんは I wouldn't do that. と書き込んでいることから、Boone さんは古着を各自 Millica Road Center に持っていくという代替案に反対であることがわかる。また、直後の書き込み We could gain more participation if we asked staff members to simply bring in what they have to the office.（和訳❺）で、古着を（工場の）オフィスで集めるメリットを述べていることから、Boone さんは古着を1カ所に集めて（代表者が）Millica Road Center に持っていく方が理にかなっていると考えていることがわかる。

STEP3 裏を返せば、Boone さんは Kwang さんが挙げた代替案は理にかなっていないと考えていることになるので、(D) が正解。Boone さんは **underprivileged families**（**恵まれない家族**）を助けるための古着キャンペーンに参加したくないわけではないので、(C) は不正解。

設問の訳 **50.** 午前10時21分に、ブーンさんが「私はそうしたくはないです」と書いているのは何を意味しますか?
(A) 提案についてもっと詳しい情報が必要だ。
(B) 顧客の決定に反対している。
(C) キャンペーンに参加したくない。
(D) 提案が合理的ではないと考えている。

Q51. 正解 (A) 正答率 ▸▸ 60%

3ステップ解説

STEP1 Shaw さんが何をするのか答える問題。

STEP2 午前10時22分の Cenanda さんの書き込みを見ると、Boone さんの考えに同意を示したあと、Nobody wants to drive through heavy traffic to the other side of town with a bunch of old clothes in the back seat.（和訳❻）と、渋滞する道を通ってわざわざ町の反対側まで古着を届けに行きたくないというチャット参加メンバーの気持ちを代弁している。それを受けて、午前10時23分にShawさんはI could take on the task if we go on with the former plan.（和訳❼）と、もし**the former plan**（**前者の計画**）でいく場合は自分がその面倒な役を引き受ける旨を申し出て、最終的にその方向で進めることに決まり、チャットが終了している。なお、このthe former planは、午前10時18分にあるcollect our used clothes here at our plant and take them to the Millica Road Centerを指すので、Shawさんは工場で集めた古着をMillica Road Centerまで持っていくと考えられる。

STEP3 よって、(A)が正解。町の反対側にあるthe Millica Road Centerを**a distant center**（**遠くにあるセンター**）と言い換えている。午前10時23分のShawさんの書き込みにある**take on the task**（**その仕事を引き受ける**）というフレーズはぜひ押さえておきたい。

設問の訳 **51.** ショーさんは何をしますか？
(A) 集めた物を離れた場所にあるセンターに持っていく
(B) 得意先に連絡する
(C) 車に箱を積む手伝いをする
(D) あるイベントに関する草案を作成する

チャットで使える表現

I wouldn't do that.
（私はそうしたくありません。）

I could take on the task if we go on with the former plan.
（前者の計画で進めるのであれば、私がその仕事をお引き受けできるかもしれません。）

キーワードをチェック!!

36

	単語	発音	意味
★	□ outfit	アウトフィット [áutfit]	名 C 衣服 動 他 ①（人）に衣服を与える ②（モノ）に機器を実装する
★	□ unveil	アンヴェイル [ʌnvéil]	動 他 ①（製品や計画など）を初めて公表する ②～の覆いを取り除く
★	□ accommodate	アカマデイト [əkɑ́mədeit]	動 他 ①（人）を収容する ②（要求など）を受け入れる、（要望など）に応える
	□ lining	ライニング [láiniŋ]	名 C UC 裏地、裏張り
	□ unconventional	アンカンヴェンシャナル [ʌnkənvénʃənəl]	形 慣例にとらわれない、型にはまらない
★	□ aspect	アスペクト [æspekt]	名 C 側面
	□ dispatch	ディスパッチ [dispǽtʃ]	動 他 ①（荷物など）を送る ②（人）を派遣する 名 単 ①発送　②派遣
★	□ courier	クリアー [kúriər]	名 C 宅配業者、配達人
★	□ expedite	エクスペダイト [ékspədait]	動 他（処理や作業など）を早める、迅速に行う
	□ acquire	アクワイア [əkwáir]	動 他 ①（会社や土地など）を獲得する、買収する ②（知識など）を習得する
	□ timeline	タイムライン [táimlain]	名 C 予定（表）　同 schedule
	□ outsource	アウトソース [áutsɔːrs]	動 他（業務など）を外注（外部委託）する
★	□ in bulk		大量に

意識すべきポイントをチェック!!

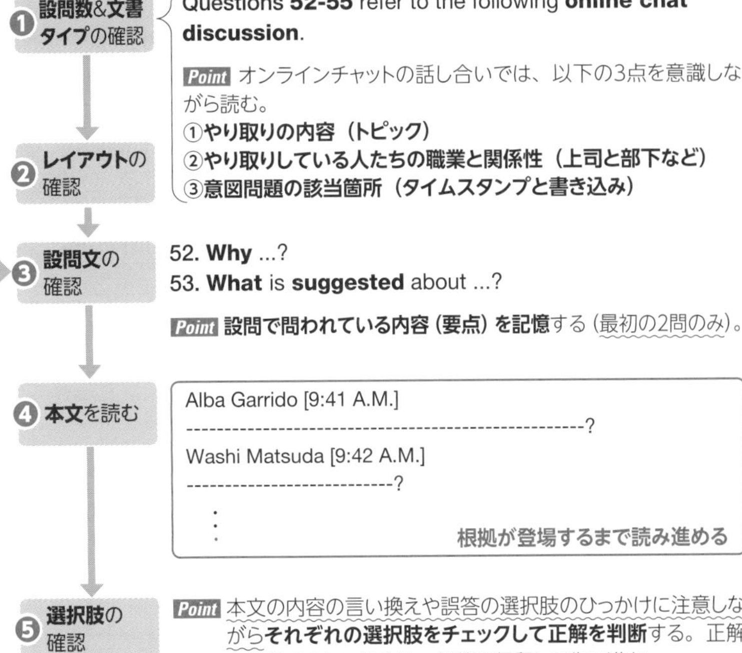

❶ **設問数&文書タイプ**の確認

Questions **52-55** refer to the following **online chat discussion**.

Point オンラインチャットの話し合いでは、以下の3点を意識しながら読む。
①やり取りの内容（トピック）
②やり取りしている人たちの職業と関係性（上司と部下など）
③意図問題の該当箇所（タイムスタンプと書き込み）

❷ **レイアウト**の確認

❸ **設問文**の確認

52. **Why** ...?
53. **What** is **suggested** about ...?

Point **設問で問われている内容（要点）を記憶**する（最初の2問のみ）。

❹ **本文**を読む

Alba Garrido [9:41 A.M.]
---?
Washi Matsuda [9:42 A.M.]
---------------------------?
:
根拠が登場するまで読み進める

❺ **選択肢**の確認

Point 本文の内容の言い換えや誤答の選択肢のひっかけに注意しながら**それぞれの選択肢をチェックして正解を判断**する。正解を判断できない場合は、解答を保留して先に進む。

❻ **解答**する

解答欄にマークする。

※設問54, 55についても、同様に❸～❻を繰り返す（❹で読む箇所は先に進める）
※書き込みの意図を問う意図問題は、**直前の誰のどのような意見・質問を受けて書き込まれているものなのかをきちんと捉える**ことが大事。**直後の書き込みもヒントになる**ことが多い。

55. At **9:52** A.M., what does Ms. Garrido most likely mean when she writes "XXXXXXXXXX"?

Kaleb Russell [9:50 A.M.]
---------------------------. ←**直前の書き込み**
Alba Garrido [**9:52** A.M.]
XXXXXXXXXX. --------------. ←**直後の書き込み**

Point **文脈の中で書き込みの意図を判断する**ことが大事。

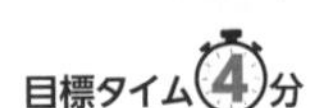

Questions 52-55 refer to the following online chat discussion.

Alba Garrido [9:41 A.M.]
Good morning, everyone. How are we coming on the work outfits for Margaxi Chemicals?

Washi Matsuda [9:42 A.M.]
Well, we had been working based on their old styles. Now that their new logo has been unveiled, we have to start over.

Ayden Simpson [9:44 A.M.]
That's right. The outfits should certainly display the new logo. In addition, we have to accommodate their requests for the unique fabric and safety lining.

Washi Matsuda [9:45 A.M.]
We're putting in a lot of overtime, so I think we could finish a sample within twenty days.

Kaleb Russell [9:46 A.M.]
I think twenty-five is more realistic. Remember, we're redoing everything here, and the design itself is unconventional in many aspects.

Washi Matsuda [9:47 A.M.]
Yes, that's correct.

Alba Garrido [9:48 A.M.]
Okay. Do you at least have enough materials for this phase of the project, Kaleb?

Kaleb Russell [9:50 A.M.]
Yes, it's been taken care of by Marissa Delgado in procurement. She says they were dispatched to us by courier two days ago. Since we ordered in bulk again, we got the usual eight percent discount. If we finished the sample within a month, would that be okay?

Alba Garrido [9:52 A.M.]
We'll have to see. I know it's hard, but please expedite things. This is for one of our best clients.

Ayden Simpson [9:53 A.M.]
Okay, we'll make sure everything's done as soon as possible.

52. Why did Ms. Garrido start the online chat discussion?

(A) To inquire about a new logo
(B) To get updated on a project
(C) To inform coworkers of a new design
(D) To request a change in work hours

○ △ × 1回目 □□□ 2回目 □□□ 3回目 □□□

53. What is suggested about Margaxi Chemicals?

(A) It is a new customer of the chat participants' firm.
(B) It hopes to make innovative work uniforms.
(C) It has recently acquired another company.
(D) It is eligible to receive discounts for bulk orders.

○ △ × 1回目 □□□ 2回目 □□□ 3回目 □□□

54. Which department does Ms. Delgado work in?

(A) Communications
(B) Accounting
(C) Purchasing
(D) Graphic design

○ △ × 1回目 □□□ 2回目 □□□ 3回目 □□□

55. At 9:52 A.M., what does Ms. Garrido most likely mean when she writes, "We'll have to see"?

(A) She is dissatisfied with the suggested timeline.
(B) She needs to check the arriving materials first.
(C) She thinks the deadline will be missed.
(D) She wants to outsource some work.

○ △ × 1回目 □□□ 2回目 □□□ 3回目 □□□

52-55番は次のオンラインチャットの話し合いに関するものです。

Live Chat

アルバ・ガリード [午前9時41分]
皆さん、おはようございます。❶マーガクシー薬品の作業服の進捗はいかがですか?

ワシ・マツダ [午前9時42分]
ええと、私たちは同社の古いスタイルに基づいて仕事を進めてきました。新しいロゴが発表された今、一からやり直す必要があります。

アイデン・シンプソン [午前9時44分]
その通りです。作業服には当然ながら新しいロゴを入れるべきです。さらに、❷独特な素材と安全性のある裏地についての同社のご要望に応えなければなりません。

ワシ・マツダ [午前9時45分]
私たちは長時間残業しているので、20日以内にはサンプルを仕上げられると思います。

カレブ・ラッセル [午前9時46分]
25日の方が現実的だと思います。❸すべてやり直すことを忘れないでください。それに、デザインそのものも多くの点で通常と異なります。

ワシ・マツダ [午前9時47分]
はい、そうですね。

アルバ・ガリード [午前9時48分]
わかりました。カレブ、少なくともプロジェクトの現段階で必要な素材は十分にありますか?

カレブ・ラッセル [午前9時50分]
はい、❻調達部のマリッサ・デルガドが対応してくれています。2日前に我々宛てに宅配便で発送されたと言っていました。❺また大量注文したので、通常の8パーセント引きでした。❼1か月以内にサンプルが完成すれば、問題ありませんか?

アルバ・ガリード [午前9時52分]
様子を見る必要があります。❽大変であることは承知していますが、急ぎでお願いします。❹お得意先のひとつなので。

アイデン・シンプソン [午前9時53分]
❾わかりました。できる限り早くすべて仕上げるようにします。

Q52. 正解 (B)　正答率 ▸▸ 71%

3ステップ解説

STEP1 Garridoさんがチャットを開始した理由を答える問題。

STEP2 Garridoさんは午前9時41分の書き込みの冒頭でチャットメンバーに挨拶したあと、How are we coming on the work outfits for Margaxi Chemicals?（和訳❶）と問いかけているので、GarridoさんはMargaxi Chemicalsから依頼された**work outfits**（**作業着**）の進捗状況を確認するためにチャットを開始したと考えられる。

STEP3 よって、(B) が正解。

設問の訳 **52.** ガリードさんはなぜオンラインチャットのやりとりを始めましたか？
(A) 新しいロゴについて問い合わせるため
(B) プロジェクトの最新情報を得るため
(C) 同僚に新しいデザインを知らせるため
(D) 勤務時間の変更を依頼するため

スコアアップのポイント

TOEICでは「衣服、衣類、服装」を表す以下の名詞が頻出します。可算／不可算、ニュアンスの違いも含めてしっかり押さえておきましょう。

clothes	複	衣服	衣服を指す最も一般的な語
clothing	UC	衣類	clothesの総称
garment	C	衣服、衣類	clothesの1点または全般を指すやや気取った語
outfit	C	服装	靴、帽子、コート、アクセサリーなども含めた服装一式を指す
attire	UC	衣服	身に着けている状態の服（特に正装）を指す格式ばった語
apparel	UC	衣服、衣類	お店で販売されている服などを表す業界用語
costume	C	衣装	舞台衣装、民族衣装など
uniform	C	制服	会社の制服、学校の制服、運動着など

Q53. 正解 (B)　正答率 ▸▸ 67%

3ステップ解説

STEP1 Margaxi Chemicalsについて推測できることを答える問題。

STEP2 午前9時44分のSimpsonさんの書き込みwe have to accommodate their requests for the unique fabric and safety lining（和訳❷）や、午前9時46分のRussellさんの書き込みRemember, we're redoing everything here, and the design itself is unconventional in many aspects.（和訳❸）から、Margaxi Chemicalsは **unique fabric**（**特別な生地**）や **safety lining**（**安全性を考慮した裏地**）を含む、**in many aspects**（**多くの点〔側面〕で**）型にはまらない作業着の製作をチャットメンバーの会社に依頼していることがわかる。

STEP3 よって、(B) が正解。Garridoさんの午前9時52分の書き込み This is for one of our best clients.（和訳❹）から、Margaxi Chemicalsはチャットメンバーの会社のお得意様と考えられるので、(A) は不正解。Russellさんの午前9時50分の書き込みに Since we ordered in bulk again, we got the usual eight percent discount.（和訳❺）とあるが、これはチャットメンバーの会社が仕入れ先に **bulk orders**（**大量注文**）をして割引を受けた旨述べているのであって、Margaxi Chemicalsに割引を受ける資格があるわけではないので、(D) も不正解。

設問の訳 **53.** マーガクシー薬品について何が示唆されていますか?
(A) チャット参加者の会社にとって新規の顧客である。
(B) 革新的な作業服を作りたい。
(C) 最近別の会社を買収した。
(D) 大量注文に対して割引を得る資格がある。

Q54. 正解 (C) 正答率 ▸▸ 77%

3ステップ解説

STEP1 Delgadoさんが所属している部署を答える問題。

STEP2 午前9時50分のRussellさんの書き込みに Marissa Delgado in procurement（和訳❻）とあるので、Delgadoは調達部門に所属していることがわかる。

STEP3 よって、(C) が正解。procurement（調達〔部門〕）を purchasing（購買〔部門〕）で言い換えている。

設問の訳 **54.** デルガドさんはどの部署で働いていますか?
(A) 通信部 (B) 経理部
(C) 調達部 (D) グラフィックデザイン部

Q55. 正解 (A) 正答率 ▸▸ 43%

3ステップ解説

STEP1 Garridoさんが "We'll have to see" と書き込んでいる意図を答える問題。

STEP2 午前9時50分のRussellさんの If we finished the sample within a month, would that be okay?（和訳❼）というスケジュールの確認に

対して、Garridoさんが We'll have to see. と書いたうえで、I know it's hard, but please expedite things. (和訳❽) と作業を迅速に進めるよう指示しており、This is for one of our best clients. (和訳❹) とその理由を付け加えていることから、Garridoさんはお得意様であるMargaxi Chemicalsのためにできるだけ早くサンプルを完成させたいという思いで **We'll have to see.** (**様子を見る必要がある**) と書き込み、Russellさんが提案したスケジュール感に満足していないことを柔らかく伝えていると考えられる。そしてそれは、Simpsonさんが午前9時53分に Okay, we'll make sure everything's done as soon as possible. (和訳❾) と、Garridoさんの思いを汲み (くみ) 取る書き込みをしていることからもわかる。

STEP3 よって、(A) が正解。チャットの中で deadline (締切り) については言及されておらず、GarridoさんがRussellさんの書き込みを見て「それでは締切り (納期) を逃すことになる」と思ったとは考えにくいので、(C) は不正解。上記の **expedite things** (**物事の処理を早める、迅速に事を運ぶ**) というフレーズは大事なので必ず押さえておきたい。

設問の訳 **55.** 午前9時52分のガリードさんの書き込み「様子を見る必要があります」は、おそらく何を意味しますか?
(A) スケジュール案に不満がある。
(B) 到着する素材を最初に確認する必要がある。
(C) 締切りに間に合わないと思っている。
(D) 仕事の一部を外注したい。

スコアアップのポイント

We'll have to see.(= used to say that you will make a decision about something later) は、その場ではすぐに結論を出さずに事の成り行きや状況を見て物事を判断したい場合によく使われる口語表現です。We'll have to wait and see. のように wait が加わると、より"待ち"のニュアンスが強くなります。

チャットで使える表現

How are we coming on ~?
(~の進捗状況はどうですか。/~はうまくいっていますか。)

It's been taken care of by〈人物〉in〈部署〉.
(〈部署〉の〈人物〉が対応してくれています。)

We'll have to see.
(様子を見ましょう。)

I know it's hard, but please expedite things.
(大変であることはわかっていますが、迅速に事を進めてください。)

We'll make sure everything's done as soon as possible.
(できるだけ早く全て終えられるよう、確実に進めてまいります。)

キーワードをチェック!!

38

		発音	意味
★	□ distinguished	ディスティングウィッシュト [distíŋgwiʃt]	形 成功して尊敬されている、(功績などで) 名高い
★	□ mark	マーク [mɑ́ːk]	動 他 ～を祝う 同 celebrate
★	□ founder	ファウンダー [fáundər]	名 C 創業者、設立者
★	□ earn	アーン [ə́ːrn]	動 他 ①(お金や利益など)を得る ②(名声など) を獲得する
★	□ dean	ディーン [díːn]	名 C (大学の) 学部長、学生部長
★	□ following	ファーロウイング [fɑ́ːlouiŋ]	前 ～に続いて、～のあとに 同 after 形 続く、次の
★	□ lucrative	ルークラティヴ [lúːkrətiv]	形 儲かる 同 profitable
★	□ entrepreneurship	アントレプレナーシップ [ɑntrəprənə́rʃip]	名 UC 起業家精神
★	□ anonymously	アナナマスリィ [ənɑ́nəməsli]	副 匿名で
	□ autograph	オートグラフ [ɔ́ːtəgræf]	名 C 署名、サイン 動 他 ～に署名する
★	□ inauguration	イノーギュレイシャン [inɔːgjəréiʃən]	名 C 就任式、落成式 UC 就任、(事業などの) 開始
	□ successor	サクセサー [səksésər]	名 C 後継者
	□ highlight	ハイライト [háilait]	動 他 ～を強調する 名 C 見どころ、最重要部分
★	□ startup	スタータップ [stɑ́ːrtʌp]	名 C 新興企業 参 **start-up** でも同じ
	□ publication	パブリケイシャン [pʌblikéiʃən]	名 UC 出版、発行 C (本や雑誌などの) 出版物
	□ autobiography	オートバイアーグラフィ [ɑːtəbaiɑ́ːgrəfi]	名 C UC 自伝、自叙伝
	□ name A after B		BにちなんでAに名前を付ける
	□ on behalf of ～		～の代わりに、～を代表して

意識すべきポイントをチェック!!

❶ **設問数&文書タイプ**の確認

Questions **56-59** refer to the following **article**.

Point **誰が何のために記事を書いたのかを意識**しながら読む。

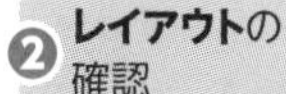

❷ **レイアウト**の確認

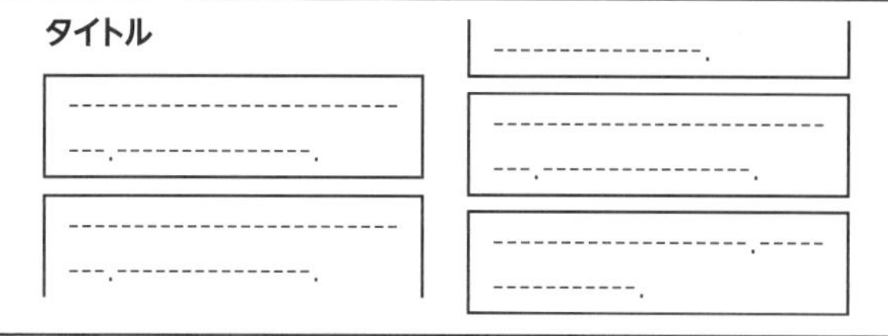

Point **タイトルがある場合は必ず確認**する。
Point **4つの段落で構成されていることを確認**する。

❸ **設問文**の確認

56. **What** ...?
57. **What** is **indicated** about ...?

Point **設問で問われている内容(要点)を記憶**する(最初の2問のみ)。

戦略 段落単位で読み進め、それぞれの設問に解答できないかトライ! 一度に読む段落数は、文章量やリテンションできる情報量に応じて臨機応変に判断する。

❹ **本文**を読む

戦略に沿って**内容を記憶しながら**読み進める。読み始めた段落はできるだけ最後まで読んで選択肢の確認に移る方がよいが、段落の途中であっても、それが明らかに設問の解答の根拠となる文章だと判断できる場合は、そこでいったん読むのをやめて❺の作業に移ってもよい。

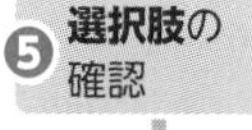

❺ **選択肢**の確認

Point 本文の内容の言い換えや誤答の選択肢のひっかけに注意しながら**設問56, 57の選択肢をチェックして正解を判断**する。**正解を判断できない場合は、解答を保留**して先に進む。

❻ **解答**する

解答欄にマークする。

※設問58, 59についても、同様に❸〜❻を繰り返す(❹で読む段落は先に進める)

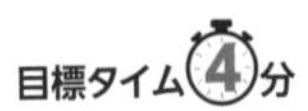

Questions 56-59 refer to the following article.

Johannesburg Times-Independent

April 14
Local News

Family members, friends, colleagues, and dozens of distinguished guests from South Africa and abroad will gather at Van Deventer Hotel on April 20 to mark the retirement of Mr. Andries Kuiper, CEO and founder of Eriko Computer Technologies (ECT). Mr. Kuiper, the author of four best-selling books on software development, cited his desire to spend more time with his family as the reason for retirement.

Mr. Kuiper's technical and intellectual talent began to show early on. He won several scientific awards during his high school years and earned a place on the Dean's List at the University of Cotton Town. Following a few years of employment at two of the biggest IT companies in the nation, the ambitious young man started his own business here. In the beginning, he personally selected his new colleagues, often inviting them from other countries. His expertise in his field, paired with his innovative management style, soon made his company a lucrative enterprise.

For the past decade, Mr. Kuiper has been focusing more on contributing to his community by donating time to educate students on the importance of computer networks, artificial intelligence, and entrepreneurship. According to his wife, after whom Mr. Kuiper named his company, he contributed to local charity activities anonymously besides donating on behalf of ECT.

During the ceremony next Thursday, fifty of his autographed books will be distributed among attendees. The inauguration ceremony of his successor, Ms. Danie Engelbrecht, former Chief Operations Officer of ECT, will be held next week.

56. What is the article mainly about?

(A) The appointment of a company leader
(B) The highlights of a career
(C) The opening of a new business
(D) The benefits of a social event

○△× ○△× ○△×
1回目 □□□ 2回目 □□□ 3回目 □□□

57. What is indicated about Mr. Kuiper?

(A) He will leave a company to pursue another career.
(B) He was a professor before starting his own company.
(C) His personality attracted new recruits from abroad.
(D) His leadership skills made his business profitable.

○△× ○△× ○△×
1回目 □□□ 2回目 □□□ 3回目 □□□

58. According to the article, what is true about ECT?

(A) It was initially managed by Mr. Kuiper's wife.
(B) It was founded in Johannesburg ten years ago.
(C) It supported community projects with donations.
(D) It acquired several software developing startups.

○△× ○△× ○△×
1回目 □□□ 2回目 □□□ 3回目 □□□

59. What will probably happen at the meeting on April 20?

(A) Musical performance will be offered.
(B) Publications on software will be given out to attendees.
(C) A new CEO will be welcomed by corporate employees.
(D) Mr. Kuiper will sign copies of his autobiography.

○△× ○△× ○△×
1回目 □□□ 2回目 □□□ 3回目 □□□

56-59番は次の記事に関するものです。

ヨハネスブルク・タイムズ・インディペンデント

4月14日
地域のニュース

エリコ・コンピューター・テクノロジーズ社（ECT）のCEOで設立者のアンドリース・カイパー氏の退任を記念して、家族、友人、同僚、南アフリカや海外から著名なゲストらが4月20日にヴァン・デヴェンター・ホテルに集う予定だ。❺ソフトウェア開発に関するベストセラー本4冊の著者であるカイパー氏は、家族と過ごす時間を増やしたいという思いを退任の理由として述べていた。

カイパー氏の技術的そして知的な才能は早くに開花し始めた。❶彼は高校時代にいくつか科学賞を受賞し、コットンタウン大学では成績優秀者に選ばれた。❷国内最大手のIT企業2社で数年働いた後、この意欲的な若者はこの地で自身の会社を立ち上げた。❻当初、彼は新しい同僚を自ら選考し、他国から呼ぶこともしばしばあった。❹この分野における彼の専門知識と革新的な経営スタイルが相まって、彼の会社は間もなくして収益力の高い企業となった。

この10年間、❸カイパー氏はより地域貢献に注力しており、学生にコンピューターネットワークや人工知能、起業家精神の重要性を伝える教育に時間を費やしてきた。❼会社の名前の由来となった彼の妻によると、カイパー氏はECTを代表しての寄付に加え、地元の慈善活動に匿名で寄付をしていたとのことだ。

❽来週木曜日に行われるセレモニーの際、出席者には彼のサイン本50冊が配られることになっている。❾彼の後継者でECTの前COOであるダニー・エンゲルブレヒト氏の就任式は来週開かれる予定だ。

Q56. 正解 (B) 正答率 ▸▸ 85%

3ステップ解説

STEP1 主に何についての記事なのかを答える問題。

STEP2 第1段落は Kuiper さんの退職について書かれている。第2段落は、第2文 He won several scientific awards during his high school years and earned a place on the Dean's List at the University of Cotton Town.（和訳❶）や、続く第3文 Following a few years of employment at two of the biggest IT companies in the nation, the ambitious young man started his own business here.（和訳❷）で、学生時代の飛びぬけた才能やIT企業に就職してECTを創業するに至るまでの Kuiper さんの経歴を簡単に紹介している。また、第3段落は、for the past decade（過去10年間）Kuiper さんが尽力してきたことを、冒頭文 Mr. Kuiper has been focusing more on contributing to his community by donating time to educate students on the importance of computer networks, artificial intelligence, and entrepreneurship（和訳❸）で具体的に伝えている。

STEP3 以上より、この記事は主に Kuiper さんの経歴について書かれていると考えられるので、(B) が正解。**highlights of a career** は「**経歴の最重要部分、主な経歴の紹介**」という意味。第1段落6行目に登場する **mark the retirement of**（**～の退職を祝う**）というフレーズは必ず押さえておくこと。なお、**dean's list**（**優等生名簿、成績優秀賞**）は、大学において優秀な成績を修めた学生の名前を記したリスト、またはリストされた学生に贈られる成績優秀賞のことである。TOEICで dean's list は見かけないが、**dean**（**学部長、学生部長**）や **dean of faculty**（**学部長**）はたまに Part 7 で登場するので押さえておきたい。

設問の訳 **56.** この記事は主に何について書かれていますか?

(A) 会社リーダーの任命　(B) 主な経歴の紹介
(C) 新規ビジネスの開業　(D) 社交的なイベントの利点

スコアアップのポイント

What is the〈文書〉mainly about? という設問は、「文書の中で取り上げている話題のうち、最も文字数を割いて取り上げている話題は何ですか」と解釈することができます。なぜなら、例えばある文書の中でA、B、Cという3つの話題が取り上げられているとして、Aは全体の10%、Bは全体の60%、Cは全体の30%の文章量であったとすると、文字数が少ないAやCがその文章のメイントピックであるはずがありません。基本的に書き手は自分が最も伝えたい話題や内容に最も文字数を割きます。

Q57. 正解 (D)　　正答率 ▸▸ 44%

3ステップ解説

STEP1 Kuiper さんについて言えることを答える問題。

STEP2 Kuiper さんの経歴や能力について述べている第2段落の最終文 His expertise in his field, paired with his innovative management style, soon made his company a lucrative enterprise. (和訳❹) から、Kuiper さんのソフトウェアに関する **expertise**（**専門知識**）や革新的な経営スタイルがECTを **lucrative enterprise**（**収益力のある企業**）に成長させたということがわかる。

STEP3 そのうち、後者の革新的経営手腕を leadership skills、lucrative（儲かる）を profitable（利益になる、儲かる）でそれぞれ言い換えた、(D) が正解。第1段落最終文 Mr. Kuiper, ... , cited his desire to spend more time with his family as the reason for retirement. (和訳❺) から、Kuiper さんの退職理由は **pursue another career**（**別のキャリアを追い求める**）ためではなく、家族と過ごす時間を増やすためだとわかるので、(A) は不正解。また、第2段落第2文に He ... earned a place on the Dean's List at the University of Cotton Town. (和訳❶) とあるが、これは大学教授の職を得たという意味ではなく、（設問56の解説でも説明したとおり）大学の成績優秀者として表彰されたという意味なので、(B) も不正解。さらに、第2段落の後半に In the beginning, he personally selected his new colleagues, often inviting them from other countries. (和訳❻) とあるが、これは Kuiper さんが自ら採用に関わり、時には国外の人材も招き入れたと述べているのであって、Kuiper さんの人柄が国外の人材を引きつけたということではないので、(C) も不正解。personally と personality の見間違いに注意すること。

設問の訳 **57.** カイパーさんについて何が示されていますか?
(A) 新たなキャリアを追求するために会社を辞める。
(B) 自分の会社を始める前は教授だった。
(C) 彼の人柄は国外からの新入社員を引き付けた。
(D) 彼の指導力が会社の収益力を高めた。

Q58. 正解 (C)　　正答率 ▸▸ 81%

3ステップ解説

STEP1 ECTについて当てはまることを答える問題。

STEP2 第3段落最終文に According to his wife, after whom Mr. Kuiper named his company, he contributed to local charity activities anonymously besides donating on behalf of ECT. (和訳❼) とあ

るので、Kuiper さんは個人としても会社の代表としても地域の慈善活動にお金を寄付したことがわかる。

STEP3 よって、(C) が正解。local charity activities を community projects と言い換えている。この besides は前置詞で「〜に加えて（= in addition to)」という意味。上記1文の after whom Mr. Kuiper named his company の部分は、name A after B（BにちなんでAに名前を付ける）のAの部分に his company を、Bの部分に his wife を入れた **name his company after his wife**（**妻にちなんで社名を名付ける**）というフレーズが、his wife を先行詞にした関係代名詞節になっていると考えるとわかりやすい。Kuiper さんの妻がECTの経営者だったわけではないので、(A) は不正解。

設問の訳 **58.** 記事によると、ECTについて正しいのはどれですか？
(A) 当初カイパーさんの妻が経営していた。
(B) 10年前にヨハネスブルクで設立された。
(C) 寄付をして地域のプロジェクトを支援した。
(D) 複数の新規ソフトウェア開発会社を買収した。

Q59. 正解 (B) 正答率 ▸▸ 50%

3ステップ解説

STEP1 4月20日の会合で起きることを推測して答える問題。

STEP2 第1段落冒頭文から、4月20日の会合とは Kuiper さんの退職を祝う集いのことだとわかる。それを踏まえて4月14日に書かれたこの記事の最終段落冒頭文を見ると、During the ceremony next Thursday, fifty of his autographed books will be distributed among attendees.（和訳❽）とあるので、この the ceremony next Thursday は4月20日の集いを指し、そこで出席者に Kuiper さんの **autographed books**（**サイン入りの本**）が配られると考えられる。さらに、第1段落後半にある Mr. Kuiper, the author of four best-selling books on software development から、その本は Kuiper さんが書いたソフトウェア開発に関する **best-selling books**（**ベストセラー本**）のどれかだと推測される。

STEP3 よって、(B) が正解。best-selling books on software development を **publications on software**（**ソフトウェアに関する出版物**）と言い換えている。最終段落最終文に The inauguration ceremony of his successor, Ms. Danie Engelbrecht, former Chief Operations Officer of ECT, will be held next week.（和訳❾）とあるが、新CEOになる Engelbrecht さんの **inauguration ceremony**（**就任式**）が来週のどのタイミングで行われるのか（4月20日とは限らない）、また

どのような形で開催されるのか（社員に出席してもらうのか等）不明であるため、(C) を選ぶことはできない。また、Kuiper さんは4月20日のイベントで自伝にサインをするわけではないので、(D) も不正解。**autobiography**（**自伝、自叙伝**）と **autograph**（**署名、サイン**）を混同しないように注意。

設問の訳 **59.** 4月20日のミーティングでおそらく何が起こりますか?
(A) 音楽の演奏が行われる。
(B) ソフトウェアに関する出版物が出席者に配られる。
(C) 新CEOが会社の従業員に出迎えられる。
(D) カイパーさんが自身の自叙伝にサインをする。

スコアアップのポイント

publication には「出版、発行」という不可算名詞の意味と、「出版物」という可算名詞の意味があります。後者の意味で使う場合は a publication や publications のように不定冠詞の a や複数形の s を付けることができます。その他、同じような観点でTOEICに登場する **notice**（UC **通知**、C **通知書**）、**receipt**（UC **受領**、C **領収書**）、**purchase**（UC **購入**、C **購入品**）を押さえておくとスコアアップにつながります。

Keep it up!

40

★	□ specifically	スペスィフィクリィ [spəsífikli]	副 ①特に、明確に ②具体的に言うと
★	□ entrepreneur	アーントレプレナー [ɑːntrəprənə́ːr]	名 C 起業家
★	□ solicit	サリスィット [səlísit]	動 自 他（～を）懇願する、求める
	□ underestimate	アンダレスティメイト [ʌndəréstimeit]	動 自 他（モノの値段などを）低く見積もる 他（人の能力など）を過小評価する
★	□ thriving	スライヴィング [θráiviŋ]	形（会社などが）成功して、（商売などが）繁盛して
★	□ abundant	アバンダント [əbʌ́ndənt]	形 豊富な 反 scarce [skeəs]
★	□ (be) geared toward ～		～を対象としている、～向けに作られている
★	□ draw on ～		（手段として）～を利用する、（経験など）を生かす
★	□ attribute A to B		AをBのせいにする、AをBのおかげだと考える
	□ as to ～		～に関して、～について

意識すべきポイントをチェック!!

❶ 設問数&文書タイプの確認

Questions **60-63** refer to the following **article**.

Point **誰が何のために記事を書いたのか意識**しながら読む。

❷ レイアウトの確認

Point **本文に1文挿入問題の空所 [1] ~ [4] が空いていることを確認**する。

Point **4つの段落で構成されていることを確認**する。

戦略 「1文挿入問題で与えられている1文」と「最初の設問」を両方チェックしてから本文を読み始める!(P26 参照)

❸ 設問文の確認

Point **1文挿入問題の1文→最初の設問の順にチェック**する。

63. In which of the positions marked [1], [2], [3], and [4] does the following sentence best belong?
"**XXXXXXXXXXXXXXXXXXXXXXXXXXXXXX**."

60. **What** is **the purpose** of the article?

Point **1文挿入問題の1文と、最初の設問の内容(要点)を記憶**する。設問60は **the purpose** なので**P23のポイントを意識**する。

❹ 本文を読む

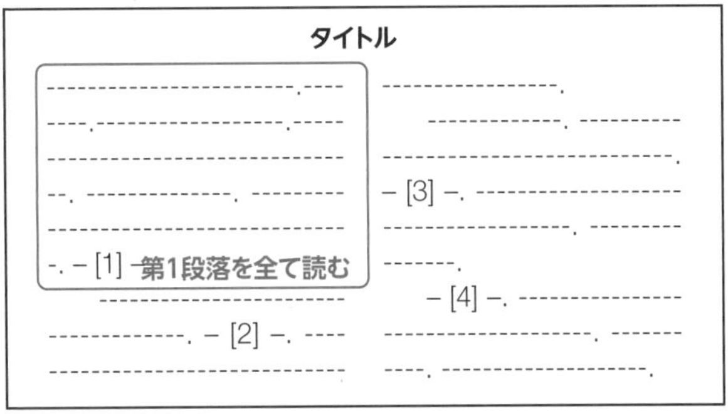

タイトル

-----------------------.----
----.----------------.-----

--. -------------. ---------

-. – [1] –**第1段落を全て読む**

-------------. – [2] –. ----

----------------.
-------------. ----------
---------------------------.
– [3] –. --------------------
-------------------. ---------
-------.
– [4] –. ----------------
-------------------. --------
----. --------------------.

Point **途中で空所が登場するたびに、与えられた1文がその場所に挿入できるか否かを検討**する。

❺ 選択肢の確認

Point **設問60の選択肢をチェックして正解を判断**する。

❻ 解答する

解答欄にマークする。

Point **設問63は1文が入る空所がわかった時点で解答**する。

※設問61, 62についても、同様に❸~❻を繰り返す(❹で読む段落は先に進める)

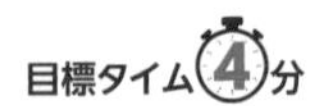

Questions 60-63 refer to the following article. 41

Wiz Finance and Business News

A Summit Worth Reaching

(Boston, January 27) Rogan Optics sponsored the 8th annual Small Business Summit this past Friday. Specifically geared toward entrepreneurs under 30, the event was designed to help them accelerate toward success. One of the most anticipated lectures was given by industry analyst and author Riley Decker, who, as always, drew on his experience to inspire the audience to pursue ambitious career goals. His keynote speech focused on the marketing pioneers who designed breakthrough products and concepts that changed their industries. — [1] —.

After Mr. Decker's talk, entrepreneurs shared their experiences on how to move on when a company hits a barrier, as well as how to increase brand awareness through networking. — [2] —. Sakina Mure, whose biotech startup Cellogen BT has pulled in hundreds of millions of dollars in investment, solicited a lot of feedback after she delivered her presentation.

Interestingly enough, she talked much more about talent recruitment and management than technical achievements. — [3] —. Ms. Mure warned her audience not to underestimate the importance of providing the right office environment, tools, and flexible work schedules that employees of today need in order to be productive.

— [4] —. Medard Palinski, owner of a digital content marketing firm employing 300 people, concurred with her, saying, "I started my company four years ago, and we are thriving. I attribute this growth to the open-ended work style that allows staff abundant space in how they structure their work days, times, and locations. As long as they achieve their targets, I'm not concerned as to where they are."

60. What is the purpose of the article?

(A) To advertise an upcoming business event
(B) To provide a profile on a company executive
(C) To honor the recipients of an award
(D) To report on an industry conference

1回目 ○△× □□□ 2回目 ○△× □□□ 3回目 ○△× □□□

61. What topic was NOT covered at the summit?

(A) How products can gain widespread publicity
(B) How young entrepreneurs can build their careers
(C) How small companies can get financial investment
(D) How business owners can make their employees productive

1回目 ○△× □□□ 2回目 ○△× □□□ 3回目 ○△× □□□

62. What does Mr. Palinski say is the key to success?

(A) Creating a flexible work environment in firms
(B) Marketing a product in a cost-effective way
(C) Providing employees with a spacious office
(D) Setting achievable numerical targets

1回目 ○△× □□□ 2回目 ○△× □□□ 3回目 ○△× □□□

63. In which of the positions marked [1], [2], [3], and [4] does the following sentence best belong?

"The audience found it very inspiring, as evidenced by the loud round of applause they gave at the end of the talk."

(A) [1]
(B) [2]
(C) [3]
(D) [4]

1回目 ○△× □□□ 2回目 ○△× □□□ 3回目 ○△× □□□

60-63番は次の記事に関するものです。

ウィズファイナンス・アンド・ビジネスニュース

足を運ぶ価値があるサミット

（ボストン、1月27日）❶先週の金曜日、ローガン・オプティクス社は毎年恒例の第8回小企業サミットを後援した。特に30歳未満の起業家を対象としたこのイベントは、彼らの成功に向けた加速を手助けするためのものだ。❸最も期待された講演のひとつは、産業アナリストで作家のリレイ・デッカー氏によって行われ、同氏はいつも通り自身の経験を引き合いに出して観客に野心的なキャリア目標を追求するよう動機づけた。彼の基調演説は、業界を変えた画期的な製品やコンセプトを考案したマーケティングの先駆者たちに焦点を当てたものだった。— [1] —.

❷デッカー氏の講演後、起業家たちは会社が困難に直面したときにどのように前進したか、また人的ネットワークの構築を通じてブランドの知名度をどのように高めたかについて互いの経験を共有した。— [2] —. 自身の新規バイオテクノロジー企業のセロゲンBT社が何億ドルもの投資金を集めたサキナ・ミュア氏は講演後、多数の意見を求めた。

興味深いことに、彼女は技術的な功績よりも優秀な人材の採用や管理についてより多くの話をした。—[3]—. ❹ミュア氏は、近頃の従業員が生産性を高めるために必要な職場環境や備品、柔軟な仕事スケジュールを提供する重要性を過小評価しないよう、聴衆に忠告した。

— [4] —. 300人の従業員をもつデジタルコンテンツのマーケティング会社の経営者であるメダード・パリンスキー氏は彼女と同じ見解を示し、「私は4年前に自分の会社を立ち上げ、今とても好調です。❺この成長の理由は、仕事の日程や時間、場所をどのように組むかという点において、大部分をスタッフ自身に委ねた制約のない働き方にあると思います。スタッフが各自の目標を達成さえすれば、彼らがどこにいようと気にしません」と述べた。

Q60. 正解 (D) 正答率 ▸▸ 68%

3ステップ解説

STEP1 記事が書かれた目的を答える問題。

STEP2 まず、タイトルのA Summit Worth Reachingを見て、「登山の話」か「登山に例えた会議の話」のどちらかではないかと推測する。その直後の第1段落冒頭文Rogan Optics sponsored the 8th annual Small Business Summit this past Friday. (和訳❶) を見て、後者の話だと判断する。その後、第1段落は会議の対象者や講演者、講演内容が紹介されており、第2段落以降も同様の内容が続くことから、この記事はSmall Business Summitというビジネス会議について報告するために書かれたものだとわかる。

STEP3 よって、(D) が正解。the 8th annual Small Business Summitをan industry conferenceと言い換えている。

設問の訳 **60.** この記事の目的は何ですか?
(A) 近々行われるビジネスイベントを宣伝すること
(B) 会社役員の略歴を提供すること
(C) 賞の受賞者を称えること
(D) 産業会議について報告すること

Q61. 正解 (C) 正答率 ▸▸ 47%

3ステップ解説

STEP1 サミットで取り上げられなかった話題を答える問題。

STEP2 NOT問題なので、選択肢と本文の内容を照らし合わせて、本文の内容と合わない選択肢を1つ選ぶ。(A) の「どうすれば製品は幅広く認知されるのか」については、第2段落冒頭文のAfter Mr. Decker's talk, entrepreneurs shared their experiences on how to move on when a company hits a barrier, as well as how to increase brand awareness through networking. (和訳❷) から、会議の参加者たちが議論した話題の1つだとわかる。**increase awareness** (**認識を高める**) が **gain publicity** (**注目を集める、認知度を高める**) で言い換えられている。(B) の「どうすれば若い起業家はキャリアを積むことができるのか」については、第1段落の中ほどのOne of the most anticipated lectures was given by industry analyst and author Riley Decker, who, as always, drew on his experience to inspire the audience to pursue ambitious career goals. (和訳❸) から、Deckerさんが聴衆に語った内容だと考えられる。この **draw on one's experience** (**自身の経験を生かす**) というフレーズは必ず押さえておきたい。(D) の「どうすれば経営者は従業員の

生産性を高められるのか」については、第3段落最終文の Ms. Mure warned her audience not to underestimate the importance of providing the right office environment, tools, and flexible work schedules that employees of today need in order to be productive.（和訳❹）から、Mure さんが取り上げた話題だとわかる。**underestimate the importance of** は「**〜の重要性を過小評価する**」という意味。(C) の「どうすれば小企業は財政的投資を得ることができるのか」については、会議で取り上げられた話題として本文に記載がない。

STEP3 よって、(C) が正解。

設問の訳 **61.** サミットで取り上げられなかった話題はどれですか?
(A) どうすれば製品は幅広く認知されるのか
(B) どうすれば若い起業家はキャリアを積むことができるのか
(C) どうすれば小企業は財政的投資を得ることができるのか
(D) どうすれば経営者は従業員の生産性を高められるのか

Q62. 正解 (A) 正答率 ▸▸ 71%

3ステップ解説

STEP1 Palinski さんが成功のカギだと語ったものを答える問題。

STEP2 最終段落の7〜11行目にある Palinski さんのコメント I attribute this growth to the open-ended work style that allows staff abundant space in how they structure their work days, times, and locations.（和訳❺）から、会社が成長できたのは社員が勤務日時や場所を柔軟に決めることができるワークスタイルのおかげだと考えていることがわかる。

STEP3 よって、(A) が正解。会社の中でそうした柔軟な仕事環境を作ることが成功のカギだと言い換えている。上記の **abundant space** は「**豊富な余地、余りある自由度**」という意味であって、物理的な **spacious office**（**広いオフィス**）を指すわけではないので、(C) は不正解。

設問の訳 **62.** パリンスキー氏は何が成功のカギだと言っていますか?
(A) 会社で柔軟な仕事環境をつくること
(B) 費用対効果の高い方法で製品を宣伝すること
(C) 従業員に広いオフィスを提供すること
(D) 達成可能な数値目標を設定すること

attribute A to B（**AをBのせいにする、AをBのおかげだと考える**）は、Part 5 や Part 7 でその構文を見極めて意味を理解する力が問われます。Aが主語の位置に出た **A is attributed to B.**（**AはBのせいである、AはBのおかげだと考えられる**）と併せて押さえておくとスコアアップにつながります。

Q63. 正解 (A)　正答率 ▶▶ 66%

3ステップ解説

STEP1 与えられた1文を挿入する適切な位置を答える問題。

STEP2 ポイントは、与えられた1文の前半部分 The audience found it very inspiring にある it が指すもの、そして後半部分 as evidenced by the loud round of applause they gave at the end of the talk にある接続詞 as の役割と the talk が指すものを正しく見極めることである。[1] に入れれば、it や the talk が直前の文の His keynote speech（マーケティングの先駆者たちについての話）を指し、as が様態（～のとおり、～のように）の意味を表して、「拍手喝采からも明らかなように、Decker さんの基調講演は聴衆を鼓舞するものであった」という主旨で直前の1文と違和感なくつながる。

STEP3 よって、(A) が正解。[2] に入れた場合、第2段落冒頭に After Mr. Decker's talk, entrepreneurs shared their experiences on ... とあるので、Decker さんの話が終わったあとの起業家たちの意見交換を it や the talk が指すことになり、かつ、彼ら自身がそれを聞いて鼓舞されることになるので不自然。聴衆を奮い立たせるような it や the talk が指す具体的な内容が直前の文に登場しない [3] に入れるのも不自然。確かに、[3] の直前の1文に talent recruitment and management（人材の採用や管理）というトークのトピックは登場するが、それに関連する具体的なトークの中身は [3] の直後の1文で紹介されている。つまり、[3] に入れると、Mure さんのトークについて紹介している文章を不自然に分断してしまう。[4] は第4段落の冒頭であり、これまでの検討の観点からも、Palinski に関する直後の1文とのつながりを考えても、ここに与えられた1文を入れるのは明らかにおかしい。

設問の訳 **63.** [1]、[2]、[3]、[4] のうち、次の文が入る最も適切な箇所はどこですか?

「講演の最後に沸き上がった拍手喝采からも明らかなように、それは観客を非常に鼓舞するものでした。」

(A) [1]　(B) [2]
(C) [3]　(D) [4]

Good work!

CHAPTER 3

DP/TP

マルティプルパッセージ

5問タイプ

マルティプルパッセージ

3つの心得！

ここからは、1つの問題セットに2つまたは3つの文書が登場するマルティプルパッセージ問題です。マルティプルパッセージと聞くと、何となくハードルが高そうに感じるかもしれませんが、次の“3つの心得”を胸に、落ち着いて臨めば大丈夫です！

解き方は基本的に シングルパッセージ問題と同じ

ダブルパッセージ問題だから、トリプルパッセージ問題だからといって何か特別な解き方をしなければいけないというわけではありません。シングルパッセージ問題と同じ解法の手順を踏めばOKです。

文書間で情報を結び付けて答える クロスリファレンス問題に注意する

シングルパッセージ問題との違いは、1つの文書を読んだだけでは解答できない設問が5問中1～3問出題されるという点です。1つの文書を読んでも答えが出せない場合は、残りの文書を読み、関連する情報を結び付けて解答するようにしましょう。

時間がなくても 同義語問題は必ず解く

同義語問題（P23参照）は、該当語句の前後を見ればすぐに解ける問題もあります。本番のテストで残り時間がわずかになっても、諦めずに同義語問題だけは積極的に解きにいきましょう。

キーワードをチェック!!

42

★	□promptly	プランプトリィ [prámptli]	副 ①時間通りに、きっかり ②直ちに
★	□undergo	アンダーゴウ [ʌndərgóu]	動 他 ①（変化など）を経験する ②（検査、治療、研修など）を受ける
	□instill	インスティル [instíl]	動 他（主義や思想など）を教え込む、植え付ける
★	□specify	スペスィファイ [spésifai]	動 他 ～を明確に（詳細に）述べる
★	□compensation	カンペンセイシャン [kɑmpənséiʃən]	名 UC ①（損害などに対する）補償 ②（仕事などに対する）報酬
	□wire	ワイアー [wáir]	名 C UC 針金、電線 動 他 ①～を配線する ②（お金）を電子的に送る
	□benefit	ベネフィット [bénəfit]	名 C UC ①利点、利益 ②福利厚生 注 通例 benefits
★	□probationary	プラベイシャネリィ [prəbéiʃənəri]	形（従業員などが）試用期間中の、仮採用期間中の
	□sustainable	サステイナブル [səstéinəbəl]	形 維持できる、（環境面で）持続可能な
	□terminate	ターミネイト [tə́ːrməneit]	動 自 終わる　他 ～を終わらせる
	□landline	ランドライン [lǽndlain]	名 C 固定電話
★	□surveillance	サーヴェイランス [sərvéiləns]	名 UC 監視
★	□in accordance with ～		（規則など）に従って
★	□as per ～		～のとおり、～のように
★	□familiarize oneself with ～		～をよく理解する、～に慣れ親しむ
★	□adhere to ～		（ルールなど）に従う、（法律など）を順守する
★	□fall on ～		（日付などが）～にあたる

意識すべきポイントをチェック!!

❶ **設問数&文書**タイプの確認

Questions **64-68** refer to the following **e-mail** and **employee handbook**.

❷ **レイアウト**の確認

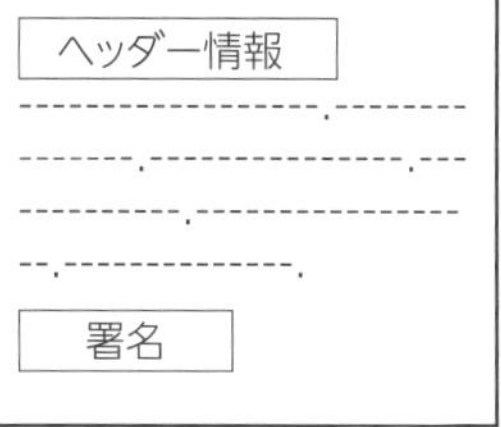

❸ **設問文**の確認

64. **What** is **the purpose** of the e-mail?
65. **What** ... ?

Point **設問で問われている内容(要点)を記憶**する(最初の2問のみ)。設問64は **the purpose** なので **P23 のポイントを意識**する。

戦略 まずはメールをすべて読んで設問64, 65にトライ!

❹ **本文**を読む

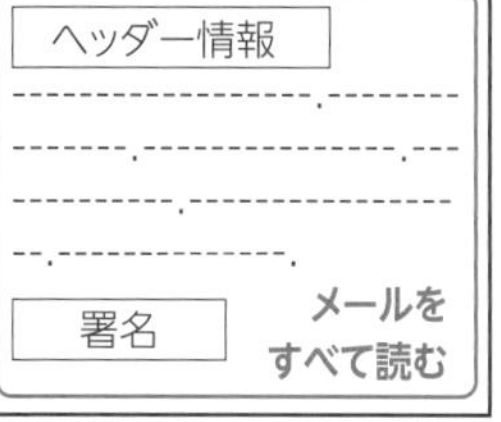

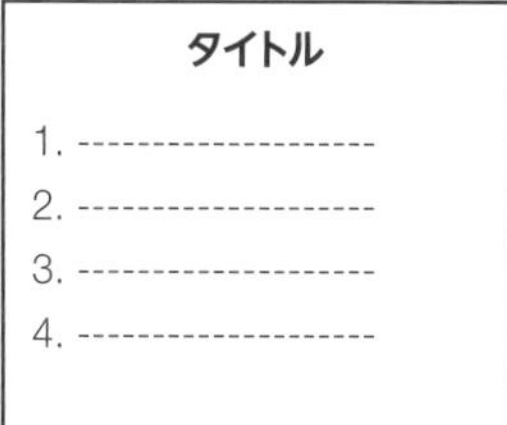

Point 戦略に沿って**内容を記憶しながら**読み進める。**解答の根拠になりそうな記述は特にしっかりと記憶**する。

❺ **選択肢**の確認

Point 本文の内容の言い換えや誤答の選択肢のひっかけに注意しながら**設問64, 65の選択肢をチェックして正解を判断**する。**正解を判断できない場合は、解答を保留**して先に進む。

❻ **解答**する

解答欄にマークする。

※設問66～68についても、同様に❸～❻を繰り返す(❹で読む文書は handbook)
※2つの文書の情報を紐づけて解答するクロスリファレンス問題に注意する

CHAPTER 1 CHAPTER 2 CHAPTER 3

Questions 64-68 refer to the following e-mail and employee handbook.

To:	Rebecca Mainey <r.mainey@liptonandwatkinslaw.org>
From:	Lucas Delucci <lucas.delucci@oteromanufacturing.com>
Subject:	Employee handbook
Date:	November 4
Attachment:	handbook_draft

Dear Ms. Mainey,

Thank you for promptly providing expert legal help in revising our employee handbook in accordance with the operational changes the company is currently undergoing. I have reviewed all your comments and added a section to directly address our new employees. I agree with you that gestures like that are necessary if we want to instill a sense of pride and trust in our staff. I have also added a sentence to specify an exception as per your advice. I believe this helps newcomers get a better understanding of when their compensation will be wired.

Please go through the attachment and let me know what you think.

Sincerely,

Lucas Delucci
Human Resources Department
Otero Manufacturing

Otero Manufacturing
Employee Handbook

1. Introduction

Welcome to Otero Manufacturing. We hope that your experience here will be challenging, enjoyable, and rewarding. This handbook describes the expectations we have of our employees and outlines our policies, programs, and benefits. Familiarizing yourself with this handbook at your earliest convenience and adhering to the rules it contains truly matters.

2. Probationary Period

Newly hired employees are on probationary status for three months from the date of hire. During this time, both the employer and the employee can evaluate whether the employment relationship is sustainable. At any time during the probationary period, either party may terminate the employment for any or no reason.

3. Pay

Pay periods run from the first day of the month through the 15th and from the 16th through the last day of the month. Paydays are on the 5th and the 20th of each month. If a payday falls on a holiday or weekend, salaries will be credited to your account on the next business day.

4. Communications

Company networks and devices, such as landlines, mobile phones, desktops, laptops, and tablets are only to be used for business purposes. All communications through these networks or devices may be monitored by the Data Security Department.

64. What is the purpose of the e-mail?

(A) To report on a policy change at a company
(B) To offer advice to a business partner
(C) To seek feedback on a document
(D) To request instructions for a customer

○ △ × ○ △ × ○ △ ×
1回目 □□□ 2回目 □□□ 3回目 □□□

65. What section of the handbook was revised to be more specific?

(A) Introduction
(B) Probationary Period
(C) Pay
(D) Communications

○ △ × ○ △ × ○ △ ×
1回目 □□□ 2回目 □□□ 3回目 □□□

66. In the employee handbook, the word "matters" in paragraph 1, line 6, is closest in meaning to

(A) gives
(B) counts
(C) happens
(D) functions

67. According to the employee handbook, what will happen at the end of the probationary period?

(A) Otero Manufacturing will secure a long-term contract with a new client.

(B) Special job duties will be given to the newly hired employees.

(C) Ms. Mainey's employment will become sustainable.

(D) A certain assessment between Otero Manufacturing and new recruits will conclude.

	○	△	×		○	△	×		○	△	×
1回目	□	□	□	2回目	□	□	□	3回目	□	□	□

68. What is true about phone calls at Otero Manufacturing?

(A) They are monitored by the personnel department.

(B) They are not allowed to be made by newcomers.

(C) Their content is subject to internal surveillance.

(D) Their security is guaranteed by the company.

	○	△	×		○	△	×		○	△	×
1回目	□	□	□	2回目	□	□	□	3回目	□	□	□

64-68番は次のメールと従業員ハンドブックに関するものです。

宛先：	レベッカ・メイニー <r.mainey@liptonandwatkinslaw.org>
送信者：	ルーカス・デルッキ <lucas.delucci@oteromanufacturing.com>
件名：	従業員ハンドブック
日付：	11月4日
添付：	handbook_draft

メイニー様

この度は、弊社が現在実施しております運用の変更に基づく従業員ハンドブックの改訂に際し、専門家としての法的なご助言を迅速にいただき、ありがとうございました。いただいたコメントをすべて拝見し、弊社の新入社員に向けて直接語りかけるセクションを追加しました。社員に誇りと信頼の気持ちを植え付けたいのであれば、このような意思表示が必要だというご意見に賛成です。❷また、メイニー様からのアドバイスに従って例外を明記する一文を追加しました。これにより、新入社員は自分たちの報酬が送金されるタイミングについて、より理解を深めるものと考えております。

❶添付の文書にお目通しいただき、ご意見をお聞かせください。

どうぞよろしくお願いいたします。

ルーカス・デルッキ
人事部
オテロ・マニュファクチャリング

オテロ・マニュファクチャリング 従業員ハンドブック

1. はじめに

オテロ・マニュファクチャリングにようこそ。当社での経験が皆さまにとってやりがいがあり、楽しく、実りあるものとなることを願っています。この冊子では、当社が社員の皆さまに期待することや当社の方針、プログラム、福利厚生についての概要を説明しています。できる限り早くこの冊子に書かれていることをよく理解し、記載されている規則に従っていただくことが大変重要です。

2. 試用期間

新入社員は勤務開始日から3か月間は試用期間となります。❹この間、雇用者と従業員は互いに、雇用関係の継続可否について評価することができます。試用期間中は、理由の有無を問わず、両者ともに雇用関係を打ち切ることができます。

3. 給与

給与期間は月初めから15日まで、そして16日から月末までです。給与日は毎月5日と20日です。❸給与日が祝日または週末にあたる場合、給与は翌営業日に口座に入金されます。

4. 通信

❺会社所有のネットワークや固定電話、携帯電話、デスクトップパソコン、ノートパソコン、タブレット端末といった機器は業務目的でのみ利用可能です。❻これらのネットワークや機器を介したやりとりはすべて、データセキュリティー部に監視される場合もあります。

Q64. 正解 (C) 正答率 ▸▸ 70%

3ステップ解説

STEP1 メールが書かれた目的を答える問題。

STEP2 Otero Manufacturing の人事部の社員である Delucci さんは、メールの冒頭で従業員ハンドブックの改訂に際して法律的な助言をしてくれたことに対して Mainey さんに感謝の気持ちを伝えたうえで、ハンドブックに加えた変更点についてメールの最後で Please go through the attachment and let me know what you think.（和訳❶）と、ハンドブックの下書きの確認とその変更についてどう思うか Mainey さんに意見を求めている。

STEP3 よって、(C) が正解。添付の handbook_draft のことを a document と言い換えている。**seek feedback on** は「**～について意見を求める**」という意味。上記文にある **go through +〈文書〉**（**〔内容に誤りがないか確認するために〕〈文書〉を読む、検討する**）も押さえておこう。

設問の訳 **64.** メールの目的は何ですか?
(A) 会社の方針変更について報告すること
(B) ビジネスパートナーに助言をすること
(C) 書類について意見を求めること
(D) 顧客のために指示を求めること

Q65. 正解 (C) 正答率 ▸▸ 36%

3ステップ解説

STEP1 修正されてより詳細になった従業員ハンドブックの項目を答える問題。

STEP2 メールの第1段落の下から1～3行目に I have also added a sentence to specify an exception as per your advice. I believe this helps newcomers get a better understanding of when their compensation will be wired.（和訳❷）とあるので、Delucci さんは報酬（給与）の送金に関して、**specify an exception**（**例外を明記する**）ためにハンドブックのどこかに1文を書き足したことがわかる。それを踏まえて従業員ハンドブックを見ると、第3段落最終文に支払日が祝日または週末になるケースの支払タイミング（例外）について書かれた If a payday falls on a holiday or weekend, salaries will be credited to your account on the next business day.（和訳❸）という1文が確認できる。

STEP3 よって、ハンドブックの「3. Pay」の項目が修正されてより詳細になったと考えられるので、(C) が正解。動詞の wire は「①～を配線する、②（お金）を電子的に送る（= to send money electronically)」という2つの意味を押さえておこう。

設問の訳 **65.** 従業員ハンドブックのどのセクションがより具体的な内容に改訂されましたか?
(A) はじめに (B) 試用期間
(C) 給与 (D) 通信

スコアアップのポイント
wireの意味がわからなくてもcompensationの意味さえわかれば、ハンドブックの項目の「3. Pay」に1文が追記されたのではないかと推測できます。そうすれば「1. Introduction」や「2. Probationary Period」の文章を読まずに(戦略的なスキップ)、「3. Pay」の文章だけ確認して正解を特定することができます。このように、設問に効率よく解答するためのリーディングスキルもスコアアップには欠かせません。

Q66. 正解 (B) 正答率▸▸41%

3ステップ解説

STEP1 本文で使われているmattersに最も意味が近いものを答える問題。

STEP2 mattersを含む1文は複雑な文構造をしているが、A and B truly matters. のAの部分にFamiliarizing yourself with this handbook at your earliest convenienceが、Bの部分にadhering to the rules it containsが入っていると考えるとわかりやすい。つまり、この1文は第1文型(SV)であり、A and Bが主部(S)でmattersが述部(V)である。mattersが動詞であることは、副詞のtrulyによって修飾されていることからも明らかである。動詞のmatterは「重要である」という意味であることを踏まえて、選択肢の中から同じ意味を表す動詞を選ぶ。

STEP3 動詞のcountには「数を数える、カウントする」の他に「重要である」という意味があり、~ count(s). (~は重要である)のようにmatterと同じく自動詞として第1文型をとるので、(B)が正解。なお、上記のA and B truly matters. の動詞matterに三単現のsが付いている理由は、書き手がA and Bを1つのカタマリとして捉えているからである。あらためてmattersを含む1文Familiarizing yourself with this handbook at your earliest convenience and adhering to the rules it contains truly matters. の意味は、3つのフレーズ**familiarize oneself with**(**~をよく理解する、~に慣れ親しむ**)、**at one's earliest convenience**(**都合が付き次第、できるだけ早く**)、**adhere to the rules**(**規則に従う**)を踏まえて、「できるだけ早くこのハンドブックの内容を理解し、そこに含まれる規則に従うことが極めて重要です」となる。

設問の訳 **66.** 従業員ハンドブックの第1段落6行目にある "matters" に最も意味の近い語は?
(A) 与える (B) 重要である
(C) 起こる (D) 機能する

Q67. 正解 (D) 正答率 ▸▸ 56%

3ステップ解説

STEP1 試用期間の最後に起こることを答える問題。

STEP2 従業員ハンドブックの第2段落第2文を見ると、3か月の **probationary period**（**試用期間、仮採用期間**）について During this time, both the employer and the employee can evaluate whether the employment relationship is sustainable.（和訳❹）とあるので、雇用主である Otero Manufacturing と被雇用者である新入社員は、試用期間を利用して互いに信頼関係を維持できそうか評価し合う（見極める）のだとわかる。そして、試用期間が終わればその評価も終わると言える。

STEP3 よって、(D) が正解。evaluate whether the employment relationship is sustainable という動詞句を **a certain assessment**（**ある〔特定の〕評価**）という名詞句で言い換えている。conclude は「終わる」という意味。試用期間の最後に新入社員に特別な **job duties**（**職務**）が与えられるという記載は本文に見当たらないので、(B) は不正解。また、メールの内容やメールアドレスのドメイン名 liptonandwatkinslaw.org から、おそらく Mainey さんは法律事務所に勤める法律の専門家であって Otero Manufacturing の新入社員ではない（試用期間は関係ない）ので、(C) も不正解。

設問の訳 **67.** 従業員ハンドブックによると、試用期間後に何が起こりますか?
(A) オテロ・マニュファクチャリングが新規顧客と長期契約を結ぶ。
(B) 特別な業務が新入社員に与えられる。
(C) メイニーさんの雇用が維持される。
(D) オテロ・マニュファクチャリングと新入社員間のある評価が終了する。

Q68. 正解 (C) 正答率 ▸▸ 69%

3ステップ解説

STEP1 Otero Manufacturing での通話について当てはまることを答える問題。

STEP2 従業員ハンドブックの第4段落冒頭文 Company networks and devices, such as landlines, mobile phones, desktops, laptops, and tablets are only to be used for business purposes.（和訳❺）から、Otero Manufacturing の固定電話や携帯電話はビジネス目的の使用に限られることがわかる。また、続く最終文 All

communications through these networks or devices may be monitored by the Data Security Department. (和訳❻) から、通話はデータセキュリティー部門によって監視される可能性があることがわかる。

STEP3 よって、(C) が正解。データセキュリティー部門による監視を **internal surveillance**（**内部による監視**）と言い換えている。ここでの **be subject to** は「**～の可能性（場合）がある**」という意味。

設問の訳 **68.** オテロ・マニュファクチャリングでの電話について正しいのはどれですか?
(A) 人事部によって監視される。
(B) 新入社員による使用は認められていない。
(C) 内容は社内監視の対象となる。
(D) 安全性は会社によって保証されている。

スコアアップのポイント

「subject = sub（下に）+ ject（投げる)」は、何かの影響下に入るイメージです。be subject to は「①～の可能性（場合）がある、～の対象となる、②（規則など）に従う必要がある」という意味を表し、**be subject to change**（**変更される可能性がある、変更の対象となる**)、**be subject to additional shipping fees**（**追加の配送料がかかる**)、**be subject to a rule**（**規則に従わなければならない**）といったフレーズで TOEIC に登場します。なお、メールの subject（件名）は「以下に投げる言葉（書き記す文章）を簡潔に言い表したもの」と考えることができます。

ビジネスメールで使える表現

Please go through the attachment and let me know what you think.
(添付の文書にお目通しいただき、ご意見をお聞かせください。)

He will **report** to Greg Ettinger.

キーワードをチェック!!

44

	単語	発音	意味
	□ in-house	インハウス [inháus]	形 社内の
★	□ portfolio	ポートフォウリオウ [pɔːrtfóuliou]	名 C ①書類かばん ②（絵や写真などの）作品集 ③有価証券一式　④顧客リスト
★	□ respectively	リスペクティヴリィ [rispéktivli]	副 それぞれ
	□ development	ディヴェラプメント [divéləpmənt]	名 UC ①（土地などの）開発 ②（生物や経済などの）発達、成長 ③（事態や局面の）進展、展開 ④（フィルムの）現像 C ①（状況を変える）出来事 ②（開発された）住宅団地、ビル群
★	□ ample	アンプル [ǽmpəl]	形 十分な　同 sufficient
★	□ qualified	クワリファイド [kwɑ́lifaid]	形 資格要件を満たした、資格のある
	□ vacancy	ヴェイカンスィ [véikənsi]	名 C（職や部屋などの）空き
	□ secure	スィキュア [sikjúr]	動 他 ①（安全など）を確保する ②（許可など）を得る ③～をしっかり固定する 形 ①（盗難や情報漏洩などに対して）安全な　②（倒れたりしないように）しっかり固定された
	□ get back to ～		～に折り返し連絡する
★	□ upon receipt of ～		～を受領次第
	□ in advance		前もって、事前に

意識すべきポイントをチェック!!

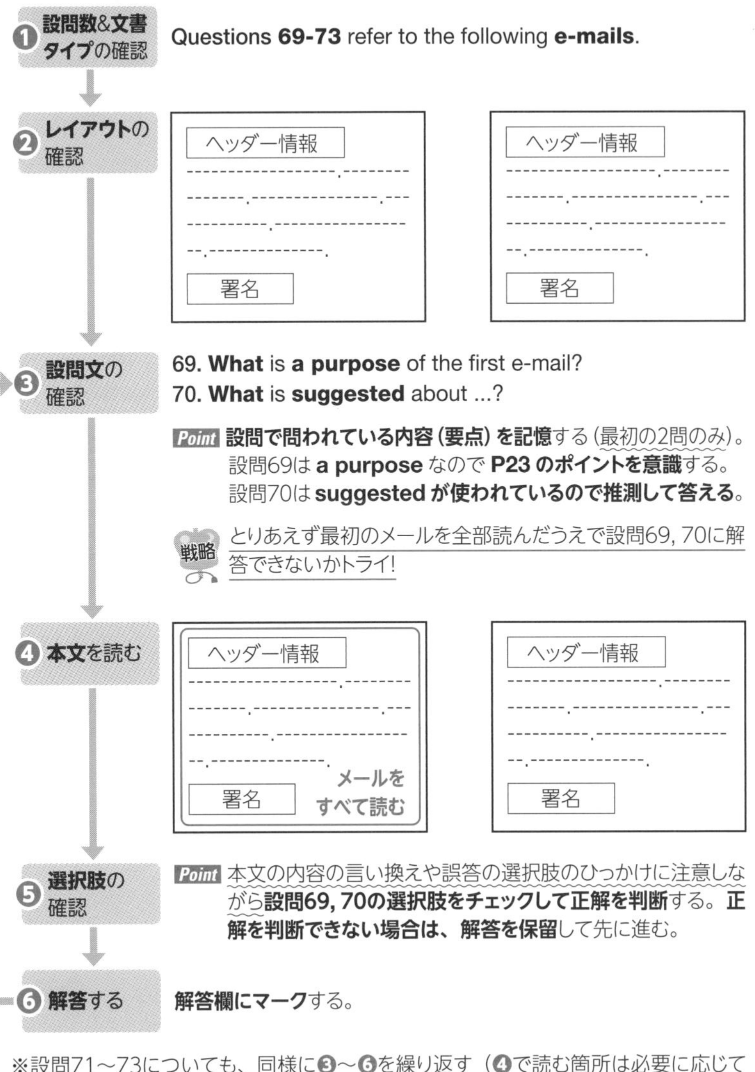

❶ 設問数&文書タイプの確認
Questions 69-73 refer to the following e-mails.
❷ レイアウトの確認
ヘッダー情報
署名
ヘッダー情報
署名
❸ 設問文の確認
69. What is a purpose of the first e-mail?
70. What is suggested about ...?
Point 設問で問われている内容(要点)を記憶する(最初の2問のみ)。
設問69はa purposeなのでP23のポイントを意識する。
設問70はsuggestedが使われているので推測して答える。
戦略 とりあえず最初のメールを全部読んだうえで設問69, 70に解答できないかトライ!
❹ 本文を読む
ヘッダー情報
署名
メールをすべて読む
ヘッダー情報
署名
❺ 選択肢の確認
Point 本文の内容の言い換えや誤答の選択肢のひっかけに注意しながら設問69, 70の選択肢をチェックして正解を判断する。正解を判断できない場合は、解答を保留して先に進む。
❻ 解答する
解答欄にマークする。

※設問71～73についても、同様に❸～❻を繰り返す（❹で読む箇所は必要に応じて先に進める）

※2つの文書の情報を紐づけて解答するクロスリファレンス問題に注意する。

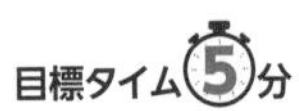

Questions 69-73 refer to the following e-mails. 45

To:	Nicolai Lorenzen
From:	Alaina Carr
Date:	January 16
Subject:	Finalists

Nicolai,

Following the first interviews with job applicants here at Prince Albert yesterday, we have chosen the finalists for the openings in the Creative Department. Johnathan Apter would like Steven Preston and Karen Lang to return for second interviews for the cover designer position, and Alberto Ortega wants to invite Samantha Shaw for the in-house photographer position.

Could you call them and set up a second round of interviews? Please do not forget to ask them to bring portfolios of their work.

Thank you for your assistance so far in arranging everything.

Regards,

Alaina Carr
Human Resources Director

To:	Alaina Carr
From:	Nicolai Lorenzen
Date:	January 17
Subject:	RE: Finalists

Alaina,

I contacted the finalists today, and I have arranged interviews with Steven Preston and Samantha Shaw on Monday, January 24, and on Wednesday, January 26, respectively. I have tentatively set up the interview with Karen Lang on Thursday, January 27. She is now waiting for a call from Greenhouse Publishing, one of our rival firms, and she will cancel our interview if her employment there is fixed. She told me that she'll get back to us upon receipt of the call. Of course, I've already notified Johnathan Apter of this development.

During the conversation with Ms. Shaw, she suggested submitting her photographs digitally in advance instead of taking them with her. I think it'll work given that we can carefully check them beforehand and spare ample time for questions and answers in the final interview. If it's acceptable, I'll ask all the candidates to do so. Please let me know what you think.

Best regards,

Nicolai Lorenzen
Administrative Associate

69. What is a purpose of the first e-mail?

(A) To make an offer to a qualified candidate
(B) To announce vacancies in some positions
(C) To ask job seekers be contacted
(D) To thank a colleague for conducting interviews

○ △ × ○ △ × ○ △ ×
1回目 □□□ 2回目 □□□ 3回目 □□□

70. What is suggested about Mr. Preston?

(A) He has visited Prince Albert before.
(B) He is interested in taking photographs.
(C) He will be offered a job at an interview.
(D) He will be interviewed by Mr. Ortega.

○ △ × ○ △ × ○ △ ×
1回目 □□□ 2回目 □□□ 3回目 □□□

71. Where does Ms. Carr most likely work?

(A) At a magazine publisher
(B) At an accounting firm
(C) At a Web design company
(D) At a marketing firm

○ △ × ○ △ × ○ △ ×
1回目 □□□ 2回目 □□□ 3回目 □□□

72. What is NOT indicated in the second e-mail?

(A) Ms. Lang's employment might be secured on January 17.
(B) Ms. Shaw's interview will be held on Wednesday.
(C) Mr. Lorenzen is waiting for a phone call from Ms. Lang.
(D) Mr. Apter is in charge of staff development.

○ △ × ○ △ × ○ △ ×
1回目 □□□ 2回目 □□□ 3回目 □□□

73. What does Mr. Lorenzen ask Ms. Carr to do?

(A) Share her thoughts with Mr. Ortega
(B) Respond to his inquiry on work samples
(C) Review Ms. Shaw's work records in advance
(D) Inform the finalists of a decision

○ △ × ○ △ × ○ △ ×
1回目 □□□ 2回目 □□□ 3回目 □□□

69-73番は次の2通のメールに関するものです。

宛先：	ニコライ・ロレンゼン
送信者：	アライナ・カー
日付：	1月16日
件名：	最終候補者

ニコライ

❷昨日ここプリンス・アルバートで就職希望者との１次面接を行った後、クリエイティブ部門の求人の最終候補者を選出しました。ジョナサン・アプターは表紙デザイン職にスティーブン・プレストンとカレン・ランを、アルベルト・オルテガは社内カメラマン職にサマンサ・ショーを２次面接に呼びたいと考えています。

❶彼らに電話して二次面接を設定いただけますか？❸自分が撮影した写真の作品集を必ず持参するよう、忘れずにお伝えください。

これまであらゆる調整についてお力添えいただき、ありがとうございます。

よろしくお願いいたします。

アライナ・カー
人事部長

宛先：	アライナ・カー
送信者：	ニコライ・ロレンゼン
日付：	1月17日
件名：	RE: 最終候補者

アライナ

❹本日最終候補者に連絡して、スティーブン・プレストンとサマンサ・ショーはそれぞれ1月24日の月曜日と1月26日の水曜日に面接を設定しました。カレン・ランとは暫定的に1月27日の木曜日に面接を設定しています。❸彼女は現在当社のライバル企業のひとつであるグリーンハウス出版からの電話を待っていて、そこへの就職が確定した場合は当社の面接をキャンセルしたいとのことでした。❺その電話を受け次第、私に折り返し連絡するとのことでした。❻当然ながら、ジョナサン・アプターにはすでにこの展開を知らせてあります。

❼ショーさんとの会話の中で、写真を持参する代わりに事前にデータで写真を提出するのはどうかという提案がありました。前もってじっくりと写真を確認することができれば、最終面接で質疑応答に十分な時間を割ける点を踏まえると、うまくいくのではないかと思います。問題なければ、候補者全員に同じことを依頼します。ご意見をお聞かせください。

よろしくお願いいたします。

ニコライ・ロレンゼン
事務担当

Q69. 正解 (C)　正答率 ▸▸ 59%

3ステップ解説

STEP1 最初のメールが書かれた目的の1つを答える問題。

STEP2 メールの書き手である人事部長のCarrさんは、同僚のNicolai Lorenzenさん（以下Lorenzenさん）に第1段落で1次面接の結果とfinalists（最終候補者）の名前を伝え、第2段落冒頭文Could you call them and set up a second round of interviews?（和訳❶）で最終候補者に連絡するよう依頼している。また、第3段落ではLorenzenさんにこれまでサポートしてくれたことについて感謝の気持ちを伝えている。従って、メールが書かれた目的として①「面接の状況を共有するため」、②「最終候補者に連絡するよう依頼するため」、③「感謝の気持ちを伝えるため」の3つが考えられる。

STEP3 このうち、②を言い換えている(C)が正解。ask job seekers be contactedは、ask that S V（SがVするよう依頼する）のthatが省略された形で、askが要求・依頼を表す動詞なのでVが原形（仮定法現在）になっている。**qualified candidate**（**資格を満たす〔適任の〕候補者**）に何かを**make an offer**（**申し出る、提案する**）ために最初のメールが書かれたわけではないので、(A)は不正解。(A)が正解になるためには、例えば、Lorenzenさんが面談を受けた求職者の1人で、そのLorenzenさんに人事部長のCarrさんが何かを申し出て（提案して）いる必要がある。Lorenzenさんは面談の調整は行ってきたが、面談自体は行っていないので、(D)も不正解。

設問の訳 **69.** 最初のメールの目的のひとつは何ですか?
(A) 適任の候補者にオファーをすること
(B) いくつかの職の求人を発表すること
(C) 求職者に連絡がいくよう依頼すること
(D) インタビューを行った同僚に感謝すること

Q70. 正解 (A)　正答率 ▸▸ 57%

3ステップ解説

STEP1 Prestonさんについて推測されることを答える問題。

STEP2 第1段落冒頭文Following the first interviews with job applicants here at Prince Albert yesterday, we have chosen the finalists for the openings in the Creative Department.（和訳❷）、および第2文のJohnathan Apter would like Steven Preston and Karen Lang to return for second interviewsから、2次面接に進む最終選考者のPrestonさんは昨日1次面接を受けにPrince Albertに来ていたことがわかる。

STEP3 よって、(A) が正解。Preston さんは **in-house photographer（社内カメラマン）** ではなく、cover designer（表紙のデザイナー）の職で最終選考に残っており、写真撮影に興味があるかどうかは不明であるため、(B) は不正解。また、Preston さんが2次面接で仕事を依頼されるかどうかはまだわからないので、(C) を選ぶこともできない。また、Preston さんを希望しているのは Apter さんであって、Ortega さんではないので、(D) も不正解。

設問の訳 **70.** プレストンさんについて何が示唆されていますか?
(A) 以前プリンス・アルバートを訪れたことがある。
(B) 写真を撮ることに興味がある。
(C) 面接で仕事を依頼される。
(D) オルテガさんによって面接される。

スコアアップのポイント
TOEICの問題作成者は、わざと登場人物が多い文章を出題して受験者を混乱させ、集中力の低下やタイムロスへと導きます。900点以上を狙う上で大事なことは、そうした問題作成者の術中に陥ることなく、登場人物を頭の中で整理しながら落ち着いて問題に取り組むことです。

Q71. 正解 (A) 正答率 ▸▸ 76%

3ステップ解説

STEP1 Carr さんがどこで働いているかを推測して答える問題。

STEP2 最初のメールの第1段落から、Carr さんは社内カメラマンや表紙のデザイナーを必要とする会社に勤めていることがわかる。また、**administrative associate（事務担当）** である Lorenzen さんが Carr さんに宛てて書いた2通目のメールの第1段落5～6行目に Greenhouse Publishing, one of our rival firms（当社のライバル企業のひとつであるグリーンハウス出版）とあるので、Lorenzen さんも Carr さんも出版社に勤務していると考えられる。

STEP3 よって、(A) が正解。

設問の訳 **71.** カーさんはおそらくどこで働いていますか?
(A) 雑誌出版社 (B) 会計事務所
(C) ウェブデザイン会社 (D) マーケティング会社

Q72. 正解 (D) 正答率 ▸▸ 25%

3ステップ解説

STEP1 2通目のメールで示されていないことを答える問題。

STEP2 NOT 問題なので、選択肢と本文の内容を照らし合わせて、本文の内容と合わない選択肢を1つ選ぶ。(A) については、第1段落中ほどに She is now waiting for a call from Greenhouse Publishing, one of our rival firms, and she will cancel our interview if her employment there is fixed. (和訳❸) とあるので、Lang さんはライバル会社である Greenhouse Publishing から採用の連絡を待っており、メールの送信日である1月17日に彼女の雇用が確定する可能性もあることがわかる。(B) については、第1段落冒頭文に I contacted the finalists today, and I have arranged interviews with Steven Preston and Samantha Shaw on Monday, January 24, and on Wednesday, January 26, respectively. (和訳❹) とあるので、Shaw さんは水曜日に面接を受ける予定になっていることがわかる。文末に **respectively** (**それぞれ**) が付いているので、Preston さんとの面接は1月24日の月曜日、Shaw さんとの面接は1月26日の水曜日であると伝えている。(C) については、第1段落の後半にある She told me that she'll get back to us upon receipt of the call. (和訳❺) から、Lorenzen さんは Lang さんからの折り返しの電話を待っていることがわかる。

STEP3 Apter さんが **staff development** (**人材開発**) の責任者 (担当者) であるという記載はどこにも見当たらないので、(D) が正解。第1段落の最終文に Of course, I've already notified Johnathan Apter of this development. (和訳❻) とあるが、この **development** は「**(事態や局面の) 進展、展開**」という意味なので注意したい。

設問の訳 **72.** 2通目のメールで示されていないことは何ですか?
(A) ランさんの雇用は1月17日に決まるかもしれない。
(B) ショーさんの面接は水曜日に行われる。
(C) ロレンゼンさんはランさんからの電話を待っている。
(D) アプターさんは人材開発の責任者だ。

スコアアップのポイント

記憶している情報だけでは選択肢の正誤を検証しきれないNOT問題は、本文の該当箇所を読み返しながら確実に正解の選択肢を絞っていくことが大事です。NOT問題の4つの選択肢のうち3つは本文に記載されている内容なので、表現の言い換えに注意しながらその本文の記載と合致する3つの選択肢を素早く特定するようにしましょう。

Q73. 正解 (B) 正答率 ▸▸ 58%

3ステップ解説

STEP1 Lorenzen さんが Carr さんに依頼していることを答える問題。

STEP2 2通目のメールの第2段落冒頭文 During the conversation with Ms.

Shaw, she suggested submitting her photographs digitally in advance instead of taking them with her. (和訳❼)、および最終文 Please let me know what you think. から、面談当日に写真を持参する代わりに事前に写真のデータを提出するのはどうかという Shaw さんの提案について Lorenzen さんは Carr さんに意見（回答）を求めていることがわかる。なお、提出する写真は最初のメールの第2段落第2文 Please do not forget to ask them to bring portfolios of their work. (和訳❽) で2次面接の対象者に持参するよう頼んでいる **portfolios**（**〔絵や写真などの〕作品集**）のことだとわかる。

STEP3 よって、(B) が正解。portfolios を **work samples**（**作品の見本**）と言い換えている。**respond to one's inquiry** は「**～の問い合わせに回答する**」という意味。

設問の訳 **73.** ロレンゼンさんはカーさんに何をするよう頼んでいますか?
(A) オルテガさんと考えを共有する
(B) 作品サンプルについての問い合わせに回答する
(C) 事前にショーさんの職歴に目を通す
(D) 最終候補者に決定を通知する

スコアアップのポイント

portfolio が持つ 4 つの意味「①書類かばん、②(絵や写真などの)作品集、③有価証券一式、④顧客リスト」のうち、TOEIC に最もよく出題されるのは②です。**create a portfolio**（**作品集を制作する**）、**review a portfolio**（**作品集を見直す**）、**submit a portfolio**（**作品集を提出する**）といったフレーズで押さえておきましょう。

Thank you for your assistance so far in arranging everything.
(これまであらゆる調整についてお力添えいただき、ありがとうございます。)

Please let me know what you think.
(ご意見をお聞かせください。)

キーワードをチェック!!

46

	単語	発音	意味
	□ complimentary	カンプリメンタリィ [kɑmpləméntəri]	形 無料の
★	□ pastry	ペイストリィ [péistri]	名 C（パイやタルトなどの）焼き菓子　UC（パイなどの焼き菓子を作るための）生地
	□ observation	アブザヴェイシャン [ɑbzəvéiʃən]	名 C UC 観察、見学
	□ vessel	ヴェセル [vésəl]	名 C（大型）船
★	□ accordingly	アコーディングリィ [əkɔ́ːrdiŋli]	副 ①それに応じて〔基づいて〕　②従って　同 therefore
	□ assignment	アサインメント [əsáinmənt]	名 C 割り当てられた仕事　UC 割り当て
	□ lease	リース [líːs]	名 C 賃貸借契約　動 他 ～を賃貸する
★	□ agreeable	アグリーアバル [əgríːəbəl]	形 ①（人が）感じの良い、愛想がよい　②（気候が）快適な、心地よい　③～を受け入れることができる　同 acceptable
★	□ scenic	スィーニック [síːnik]	形 美しい景色に囲まれた、眺めの良い
	□ fare	フェア [fέər]	名 C 運賃　UC（食事に出される）食べ物
	□ boast	ボウスト [bóust]	動 他 ～を誇りとする、（設備など）を誇りとして持つ
★	□ refreshment	リフレッシュメント [rifréʃmənt]	名 C 軽食　注 通例 **refreshments**　UC 飲食物全般　同 food and drink
	□ on a first-come, first-served basis		先着順で
★	□ a fleet of ～		（車、船、飛行機など）の集合体、グループ

意識すべきポイントをチェック!!

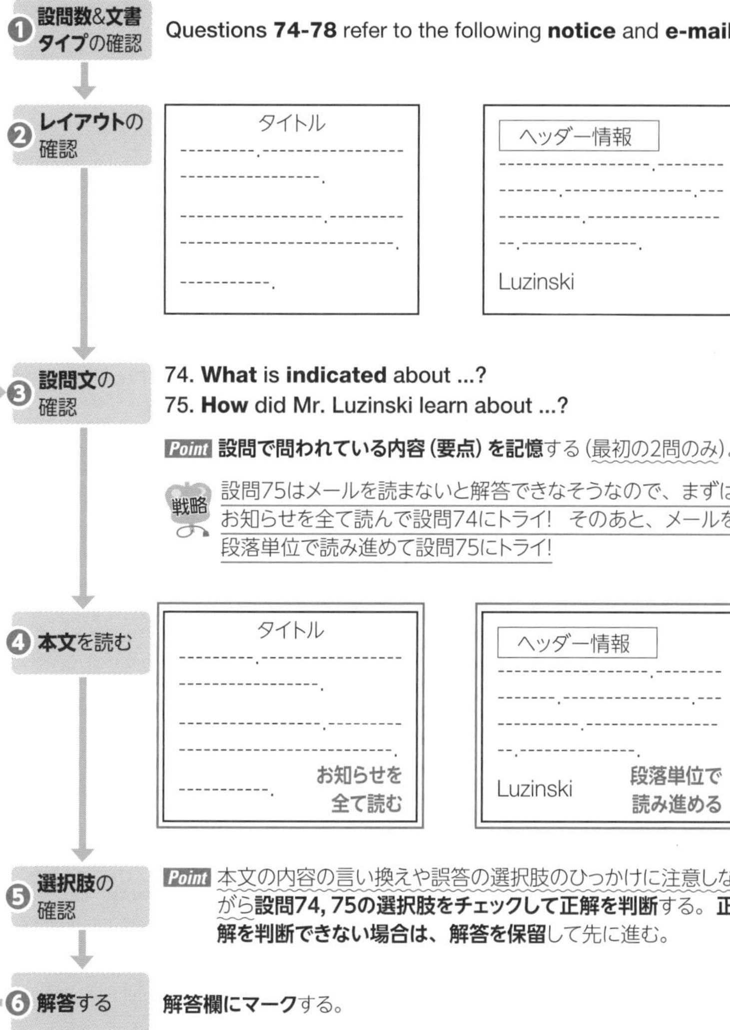

❶ 設問数&文書タイプの確認
Questions 74-78 refer to the following notice and e-mail.
❷ レイアウトの確認
タイトル
ヘッダー情報
Luzinski
❸ 設問文の確認
74. What is indicated about ...?
75. How did Mr. Luzinski learn about ...?
Point 設問で問われている内容(要点)を記憶する(最初の2問のみ)。
戦略
設問75はメールを読まないと解答できなそうなので、まずはお知らせを全て読んで設問74にトライ! そのあと、メールを段落単位で読み進めて設問75にトライ!
❹ 本文を読む
タイトル
お知らせを全て読む
ヘッダー情報
Luzinski
段落単位で読み進める
❺ 選択肢の確認
Point 本文の内容の言い換えや誤答の選択肢のひっかけに注意しながら設問74, 75の選択肢をチェックして正解を判断する。正解を判断できない場合は、解答を保留して先に進む。
❻ 解答する
解答欄にマークする。

※設問76〜78についても、同様に❸〜❻を繰り返す(❹で読む箇所は必要に応じて先に進める)

※**2つの文書の情報を紐づけて解答するクロスリファレンス問題に注意**する。

Questions 74-78 refer to the following notice and e-mail.

TITAN FERRY SERVICES

General Information

During peak tourist season between May 1 and September 30, our service from Ort City here on the mainland to Nack Village Island will extend beyond the usual 7:00 A.M. - 7:00 P.M. schedule. Ferries during these peak months will start operating at 5:00 A.M. and stop at 10:00 P.M. Prices for all routes will remain the same. As an added feature, complimentary coffee, tea, and pastries will be served to passengers in the premium seating section, located next to the observation deck.

Motorized vehicles are only permitted on the first deck of the vessel on a first-come, first-served basis. Vehicle space tends to fill up fast, so please plan your drive accordingly.

Visit our Web site at www.titanferryservices.co.uk for more information.

To:	belinda.richert@venturegoldtravel.co.uk
From:	h.luzinski@szipemail.com
Subject:	Reservation
Date:	April 18

Dear Ms. Richert,

My wife and I are currently on a long-term assignment in London, and on our upcoming vacation want to visit Ort City and Nack Village Island, which we've read about in a travel magazine. We've heard from Hannah Lind, one of my colleagues, that your service is excellent, and we'd like you to make travel arrangements for us.

First of all, please reserve a double room at the Dunham Resort in Ort City from May 22 to May 29. While there, we want to lease a compact car from Fultis Drive, which I understand through online reviews is a very reliable car rental office with agreeable staff and a well-maintained fleet of cars. Additionally, we'd like you to buy a pair of ferry tickets with premium seating so that we can visit Nack Village Island on May 27. I'm not sure about how to secure the space for the vehicle on a ferry, but we're really looking forward to seeing scenic views in the village through a car window.

Please call me at your earliest convenience so that we can discuss any questions you may have. My phone number is 252-555-4330. If there's something I should know in advance, please let me know then.

Harold Luzinski

74. What is indicated about Titan Ferry Services?

(A) It increases ferry routes during a peak season.
(B) It will raise fares at the beginning of May.
(C) Its operations will be changed temporarily.
(D) Its business is expanding rapidly.

○ △ × 1回目 □□□ ○ △ × 2回目 □□□ ○ △ × 3回目 □□□

75. How did Mr. Luzinski learn about Ort City?

(A) From a travel agent
(B) From a publication
(C) From a coworker
(D) From an Internet search

○ △ × 1回目 □□□ ○ △ × 2回目 □□□ ○ △ × 3回目 □□□

76. What is most likely true about Fultis Drive?

(A) It boasts a group of finely tuned vehicles.
(B) It leases motorcycles for tourists in Ort City.
(C) It is famous for its wide selection of cars.
(D) It has a branch in Nack Village Island.

○ △ × 1回目 □□□ ○ △ × 2回目 □□□ ○ △ × 3回目 □□□

77. What is suggested about Mr. Luzinski and his wife?

(A) They travel on business frequently.
(B) They have visited Dunham Resort before.
(C) They plan to stay at an accommodation in Nack Village Island.
(D) They may be offered free refreshments on a vessel.

	○	△	×		○	△	×		○	△	×
1回目	□	□	□	2回目	□	□	□	3回目	□	□	□

78. What advice will Ms. Richert most likely give to Mr. Luzinski?

(A) Arrive at a ferry terminal well in advance
(B) Consider extra money to reserve a parking space
(C) Find out whether premium seating tickets are available
(D) Drive according to the local traffic rules

	○	△	×		○	△	×		○	△	×
1回目	□	□	□	2回目	□	□	□	3回目	□	□	□

74 -78 番は次のお知らせとメールに関するものです。

タイタン・フェリー・サービス

総合案内

❶観光シーズンのピークとなる5月1日から9月30日まで、本土にあるここオート市とナック・ビレッジ島を結ぶ弊社サービスは、通常の午前7時から午後7時までの運航スケジュールを拡大して提供いたします。このピーク期間のフェリーは午前5時に運航を開始し、午後10時に終了いたします。全ての航路において運賃に変更はありません。❻追加の特典として、展望デッキの隣にございますプレミアムシートをご利用のお客様にはコーヒー、紅茶、焼き菓子を無料で提供いたします。

❾車両の乗り入れは船の第1デッキのみにて許可されており、先着順となります。乗り物用のスペースはすぐに埋まってしまう傾向があるため、それに基づいて運転の計画をお立てください。

詳しい情報につきましては、ウェブサイト（www.titanferryservices.co.uk）をご覧ください。

宛先：	belinda.richert@venturegoldtravel.co.uk
送信者：	h.luzinski@szipemail.com
件名：	予約
日付：	4月18日

リチャート様

❷現在、妻と私は長期の仕事でロンドンにおり、次の休暇は旅行雑誌で知ったオート市とナック・ビレッジ島を訪れたいと思っております。❸同僚の一人であるハンナ・リンドから貴社のサービスが素晴らしいと聞いておりましたので、ぜひ旅行の手配をお願いしたいと考えております。

はじめに、オート市にあるダナム・リゾートのダブルルームを5月22日から5月29日まで予約してください。滞在の間、フルティス・ドライブで小型車を借りたいと考えています。❹オンラインレビューを通じて、フルティス・ドライブ社が感じのよいスタッフときちんと整備された車を持つ、とても信頼できるレンタカー会社だと知りました。❺また、5月27日にナック・ビレッジ島に行けるように、プレミアムシートのフェリーチケットを2枚購入していただきたいと思います。❽フェリー上で車を置けるスペースを確保する方法がよくわからないのですが、村の美しい景色を車窓から眺めるのをとても楽しみにしております。

ご質問があれば回答させていただきますので、ご都合がつく最も早いタイミングでお電話いただければと思います。私の電話番号は252-555-4330です。❼事前に私が知っておくべきことがあれば、電話の際にお教えください。

ハロルド・ルジンスキー

Q74. 正解 (C)　正答率 ▸▸ 72%

3ステップ解説

STEP1 Titan Ferry Services について言えることを答える問題。

STEP2 お知らせの第1段落1～5行目の During peak tourist season between May 1 and September 30, our service from Ort City here on the mainland to Nack Village Island will extend beyond the usual 7:00 A.M. - 7:00 P.M. schedule. Ferries during these peak months will start operating at 5:00 A.M. and stop at 10:00 P.M.（和訳❶）から、Titan Ferry Services は5月1日から9月30日までの繁忙期に限ってフェリーの営業時間を拡大することがわかる。

STEP3 よって、(C) が正解。フェリーの営業時間は増やすが航路は増やさないので、(A) は不正解。また、運賃については第1段落5～6行目に Prices for all routes will remain the same. とあるので、(B) も不正解。さらに、Titan Ferry Services の事業が急速に拡大しているかどうかは本文の記載からは判断できないので、(D) を選ぶこともできない。

設問の訳 **74.** タイタン・フェリー・サービスについて何が示されていますか?
(A) 繁忙期にはフェリーの航路を増やす。
(B) 5月の頭から運賃を値上げする。
(C) 業務が一時的に変更になる。
(D) 事業が急速に拡大している。

Q75. 正解 (B)　正答率 ▸▸ 68%

3ステップ解説

STEP1 Luzinski さんがどのように Ort City について知ったのかを答える問題。

STEP2 Luzinski さんは2つ目の文書であるメールの送り手なので、メールを読んで正解を判断する。メールの第1段落冒頭文を見ると、My wife and I are currently on a long-term assignment in London, and on our upcoming vacation want to visit Ort City and Nack Village Island, which we've read about in a travel magazine.（和訳❷）とあるので、Luzinski さんは旅行雑誌で Ort City について情報を得たことがわかる。

STEP3 よって、(B) が正解。a travel magazine を **a publication**（**出版物**）と言い換えている。メールの第1段落最終文に We've heard from Hannah Lind, one of my colleagues, that your service is excellent, and we'd like you to make travel arrangements for us.（和訳❸）とあるが、同僚から教えてもらったのは Ort City について

ではなく、メールの受け手であるRichertさんが勤める旅行代理店についてだと考えられるので、(C)は不正解。

設問の訳 **75.** ルジンスキーさんはどのようにしてオート市について知りましたか?
(A) 旅行代理店から (B) 出版物から
(C) 同僚から (D) インターネット検索から

スコアアップのポイント

Part 3（会話問題）やPart 4（説明文問題）で設問の先読みが有効なのは、前もって設問で問われる内容を把握しておくことによって、的を絞った会話や説明の聞き方ができるからです。同じことがPart 7（読解問題）にも言えます。Part 7で設問を先に見ることのメリットは以下の3つです。

① ある程度文書の内容がわかる
② 推測の必要性の有無がわかる
③ 参照すべき文書がわかる

①については、例えば先読みした設問がWhen can residents expect to use water again?であれば、その文書はおそらく集合住宅における水道工事の話です。②については、例えばWho most likely is Ms. Lette?なら、most likelyが付いているのでLetteさんについて書かれた記述から職業を推測して答える問題だとわかります（詳しくはP22参照）。③については、例えばnoticeとe-mailのダブルパッセージ問題で、2問目の設問がAccording to the e-mailで始まっていれば、正解の根拠はnoticeではなくe-mailに記載されていることがわかります。もちろん、設問を先読みしてもヒントを得られないこともありますが、あらかじめ設問に目を通すことで、的を絞った文章の読み方／解答の仕方ができるのでおすすめです。

Q76. 正解 (A) 正答率 ▸▸ 49%

3ステップ解説

STEP1 Fultis Driveについて当てはまることを推測して答える問題。

STEP2 メールの第2段落3～5行目にFultis Drive, which I understand through online reviews is a very reliable car rental office with agreeable staff and a well-maintained fleet of cars（和訳❹）とあるので、Fultis Driveは整備が行き届いた車を取り揃えていることがわかる。

STEP3 よって、(A)が正解。**a well-maintained fleet of cars**（**きちんと整備された車群**）を**a group of finely tuned vehicles**（**よく整備された乗り物の集合体**）と言い換えている。この「boast（〔設備など〕を誇りとして持つ）= have」の用法もしっかり押さえておきたい。Fultis Driveは**motorcycles**（**オートバイ、バイク**）を貸し出しているわけではないので、(B)は不正解。また、**(a) wide selection**

of cars（**豊富な車種**）を取り揃えているかどうかは本文からは判断できないので、(C) も不正解。さらに、メールの第2段落2〜3行目のWhile there, we want to lease a compact car from Fultis Drive の there は in Ort City を指すことから Fultis Drive が Ort City にあることはわかるが、Nack Village 島に支店があるかどうかは不明なので、(D) を選ぶこともできない。

設問の訳 **76.** フルティス・ドライブについておそらく正しいのはどれですか?
(A) よく整備された乗り物を保有している。
(B) オート市で観光客にバイクを貸し出している。
(C) 幅広い車の品ぞろえで有名である。
(D) ナック・ビレッジ島に支店がある。

Q77. 正解 (D)　　正答率 ▸▸ 68%

3ステップ解説

STEP1 Luzinski さん夫妻について推測できることを答える問題。

STEP2 メールの第2段落5〜7行目を見ると、Additionally, we'd like you to buy a pair of ferry tickets with premium seating so that we can visit Nack Village Island on May 27（和訳❺）とあるので、Luzinski さん夫妻はプレミアムシートのフェリーチケットの購入を希望していることがわかる。一方、お知らせの第1段落最終文 As an added feature, complimentary coffee, tea, and pastries will be served to passengers in the premium seating section, located next to the observation deck.（和訳❻）から、プレミアムシートの乗客には無料の飲食物が提供されることがわかる。

STEP3 よって、(D) が正解。**complimentary coffee, tea, and pastries**（**無料のコーヒー、お茶、焼き菓子**）を **free refreshments**（**無料の軽食**）と言い換えている。また、ferry が **vessel**（**〔大型〕船**）で言い換えられている。

設問の訳 **77.** ルジンスキーさん夫妻について何が示唆されていますか?
(A) 頻繁に出張している。
(B) 以前ダナム・リゾートを訪れたことがある。
(C) ナック・ビレッジ島の宿泊施設に泊まる予定だ。
(D) 船上で無料の軽食を提供されるかもしれない。

Q78. 正解 (A)　　正答率 ▸▸ 64%

3ステップ解説

STEP1 Richert さんが Luzinski さんにするであろう助言を推測して答える問題。

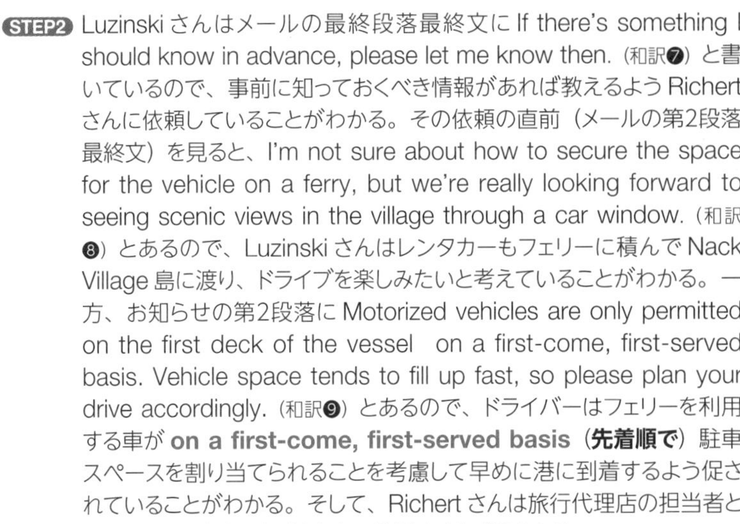

STEP2 Luzinski さんはメールの最終段落最終文に If there's something I should know in advance, please let me know then. (和訳❼) と書いているので、事前に知っておくべき情報があれば教えるよう Richert さんに依頼していることがわかる。その依頼の直前（メールの第2段落最終文）を見ると、I'm not sure about how to secure the space for the vehicle on a ferry, but we're really looking forward to seeing scenic views in the village through a car window. (和訳❽) とあるので、Luzinski さんはレンタカーもフェリーに積んで Nack Village 島に渡り、ドライブを楽しみたいと考えていることがわかる。一方、お知らせの第2段落に Motorized vehicles are only permitted on the first deck of the vessel on a first-come, first-served basis. Vehicle space tends to fill up fast, so please plan your drive accordingly. (和訳❾) とあるので、ドライバーはフェリーを利用する車が **on a first-come, first-served basis**（**先着順で**）駐車スペースを割り当てられることを考慮して早めに港に到着するよう促されていることがわかる。そして、Richert さんは旅行代理店の担当者としてそのことを Luzinski さんに助言すると考えられる。

STEP3 よって、**please plan your drive accordingly**（**それに応じて運転の計画を立ててください**）というアドバイスを、より具体的に **arrive at a ferry terminal well in advance**（**十分前もってフェリーターミナルに到着してください**）と言い換えている、(A) が正解。駐車スペースにかかる料金については文書では触れられていないので、(B) を選ぶことはできない。旅行代理店の担当者である Richert さんが Luzinski さんにプレミアムシートが入手可能か調べるようアドバイスするのはおかしいので、(C) は不正解。また、レンタカー屋の担当者の仕事である交通規則に関するアドバイス（注意喚起）を、旅行代理店の担当者である Richert さんがするとは考えにくいので、(D) も不正解。

設問の訳 **78.** リチャートさんはルジンスキーさんにおそらくどんな助言をしますか?
(A) フェリーターミナルに十分前もって到着する
(B) 駐車場を予約するためのお金を余分に考慮しておく
(C) プレミアムシートのチケットを入手可能か確かめる
(D) 地元の交通規則に従って運転する

ビジネスメールで使える表現

For more information, visit our Web site at <URL>.
(詳しい情報につきましては、ウェブサイト〈URL〉をご覧ください。)

Please call me at your earliest convenience so that we can discuss any questions you may have.
(ご質問があれば回答させていただきますので、ご都合のよい時間にお電話ください。)

キーワードをチェック!!

48

★	□ refurbishment	リファービッシュメント [rifə́rbiʃmənt]	名 C UC 改修
★	□ plumbing	プラミング [plʌ́miŋ]	名 UC 配管（工事）
★	□ clogged	クログド [klɔ́gd]	形（管などが）詰まった
★	□ overhaul	オウヴァーハール [ouvərhɑ́ːl]	動 他 ～を整備する、改修する 名 C 整備、改修
★	□ upholstery	アップホウルステリィ [ʌphóulstəri]	名 UC（椅子やソファーなどの）張り布、詰め物
★	□ décor	デイコーア [déikɔːr]	名 C UC 室内装飾
★	□ fixture	フィクスチャー [fíkstʃər]	名 C（室内に取り付けられている）器具、備品　注 通例 **fixtures**
★	□ debris	デブリー [dəbríː]	名 UC 瓦礫、破片
★	□ accumulate	アキューミャレイト [əkjúːmjəleit]	動 自 他（～を）蓄積する
★	□ patio	パティオウ [pǽtiou]	名 C 中庭、テラス
	□ plank	プランク [plǽŋk]	名 C 厚板
★	□ landmark	ランドマーク [lǽndmɑːrk]	名 C ①（建物などの）目印となるもの　②歴史的建造物　③画期的な出来事
★	□ wear and tear		摩耗、経年劣化
★	□ follow up on ～		①～の続きを行う、～をさらに推し進める ②～について追加の情報を伝える
★	□ dispose of ～		～を廃棄（処分）する
★	□ complete with ～		～を完備した

意識すべきポイントをチェック!!

❶ 設問数&文書タイプの確認

Questions **79-83** refer to the following **e-mail**, **meeting minutes**, and **advertisement**.

❷ レイアウトの確認

e-mail / meeting minutes / advertisement

ヘッダー情報 / 署名 / タイトル / タイトル

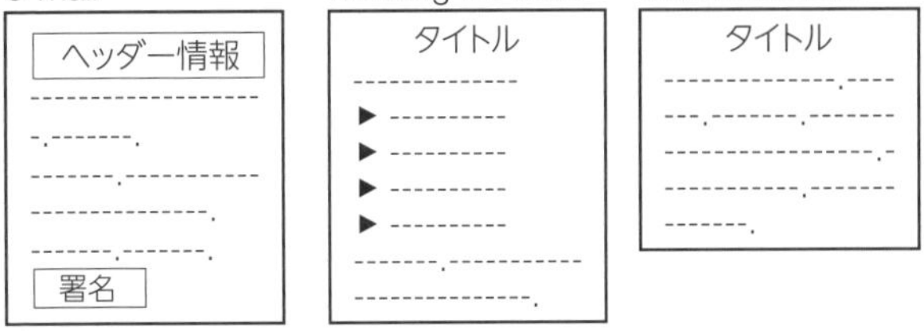

Point 議事録に**箇条書きの段落があることを確認する。**

❸ 設問文の確認

79. **What** is **the main purpose** of the e-mail?
80. According to the e-mail, **what** ...?

Point **設問で問われている内容(要点)を記憶**する(最初の2問のみ)。
設問79も80もメールを読めば解答できると判断する。

戦略 まずはメールをすべて読んだ上で設問79, 80にトライ!

❹ 本文を読む

e-mail / meeting minutes / advertisement

ヘッダー情報 / 署名 / タイトル / タイトル

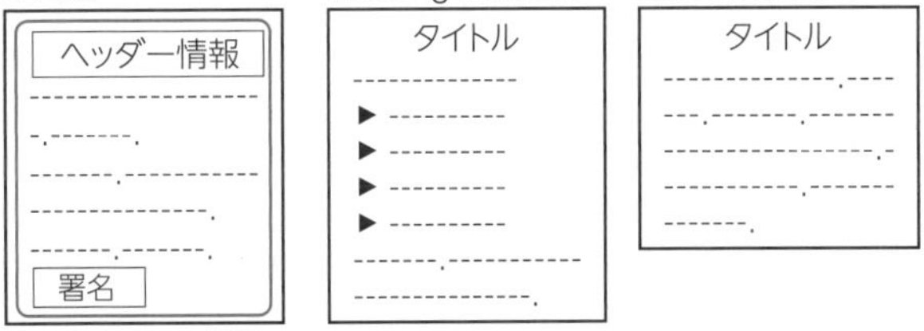

メールをすべて読む

Point 内容を記憶しながら読み進める。

❺ 選択肢の確認

Point 本文の内容の言い換えや誤答の選択肢のひっかけに注意しながら**設問79, 80の選択肢をチェックして正解を判断**する。

❻ 解答する

解答欄にマークする。

※設問81〜83についても、同様に❸〜❻を繰り返す(❹で読む文書は先に進める)
※複数の文書の情報を紐づけて解答するクロスリファレンス問題に注意する。

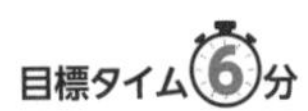

Questions 79-83 refer to the following e-mail, meeting minutes, and advertisement.

To:	Alfred Curbelo <acurbelo@bhcontractors.com>
From:	Maeve Molson <mmolson@oakcherryrestaurant.com>
Subject:	Job offer
Date:	December 7

Dear Mr. Curbelo,

I have recently become the co-owner of a French restaurant in the Mont Cellevue District. In order to boost our revenue, we have decided to convert it into a modern dining place with a fashionable atmosphere. Below is just a brief summary of what refurbishments we have in mind.

The plumbing system has already been fully replaced because clogged pipes and leaking taps had caused so many problems. The electrical system, on the other hand, has to be overhauled. The upholstery of the furniture shows significant signs of wear and tear and, anyway, does not fit our idea for the new décor, so it will have to be replaced. Similarly, we need tiles for the floor instead of the dark wood we currently have, and all the walls, as well as door and window frames, must be repainted. We are still under discussion with our interior designer, Shauna Crombie, about her proposal on the expansion of our dining area.

If you are interested in this job, please let me know. I will send a detailed description accordingly.

Sincerely,

Maeve Molson
Oak Cherry Restaurant

Brockhouse Contractors
Meeting Minutes of February 22

Attendees: Alfred Curbelo (Project Leader), Michael Carnegie, Jude Villalobos, Eliza Burns, Logan Kane, Miranda Parks (Recorder)
Topic: Updates on the Oak Cherry Restaurant project

➢ Michael followed up on the electrical work. He said that his team has finished rewiring the building but has to wait until the painting is finished before installing new lighting fixtures and switches.

➢ Jude said that the debris that had accumulated after removing some walls to enlarge the dining area was successfully disposed of last week.

➢ Eliza reported that replacement tiles have not arrived yet because our supplier in Toronto misunderstood the shipping date. She added that the delay might lead to missing the project deadline.

➢ Logan informed us of a problem with the rear patio. Some planks necessary to complete it were damaged. He has already returned them for replacements. We have to take special care of the deck, since we heard it would be the sole place for live entertainment.

The meeting concluded after the project leader stressed the need to fulfill our client's expectations on the due date, especially since they cannot generate any sales in their current situation.

Come on in to the new Oak Cherry Restaurant!

Located at the base of the landmark Lavigne Bridge, Oak Cherry Restaurant is ready to receive guests again! Don't miss our grand opening event starting at 10 A.M. on April 1. Join us for a day of fun, complete with delicious meals, free beverages, and live music from 6:00 P.M. by the local band The Derricks!

79. What is the main purpose of the e-mail?

(A) To outline a series of planned changes to a structure
(B) To consult a specialist about a financial strategy
(C) To discuss the temporary closure of a facility
(D) To announce the change of ownership at a restaurant

	○ △ ×		○ △ ×		○ △ ×
1回目	□□□	2回目	□□□	3回目	□□□

80. According to the e-mail, what has to be replaced?

(A) Clogged pipes
(B) Worn tabletops
(C) Wood flooring
(D) Door frames

	○ △ ×		○ △ ×		○ △ ×
1回目	□□□	2回目	□□□	3回目	□□□

81. What is implied about Ms. Crombie?

(A) She is a co-owner of a dining establishment.
(B) Her idea on an interior layout was accepted.
(C) She joined a project team in a construction firm.
(D) Her design is popular with the restaurant staff.

	○ △ ×		○ △ ×		○ △ ×
1回目	□□□	2回目	□□□	3回目	□□□

82. According to the meeting minutes, who emphasized the importance of meeting the deadline?

(A) Alfred Curbelo
(B) Jude Villalobos
(C) Eliza Burns
(D) Logan Kane

	○	△	×
1回目	□	□	□
2回目	□	□	□
3回目	□	□	□

83. Where will The Derricks most likely perform in the evening on April 1?

(A) In a dining hall
(B) In a rooftop balcony
(C) On a historic bridge
(D) On an outdoor deck

	○	△	×
1回目	□	□	□
2回目	□	□	□
3回目	□	□	□

79-83番は次のメールと会議議事録と広告に関するものです。

宛先：	アルフレッド・クルベロ <acurbelo@bhcontractors.com>
送信者：	メイヴ・モルソン <mmolson@oakcherryrestaurant.com>
件名：	仕事のオファー
日付：	12月7日

クルベロ様

先日、私はモン・セルヴュー地区にあるフランス料理店の共同経営者になりました。❶当店の売上げを伸ばすため、当店をおしゃれな雰囲気のモダンな飲食店に変えることにしました。❷下記は当店が検討している改修の簡単な概要です。

❺配管システムは、パイプの詰まりと蛇口の水漏れによる問題が多かったため、既に全体的に交換してあります。一方、電気系統は徹底的に点検修理する必要があります。❸家具の生地は見るからに傷んできており、どのみち当店の新しい内装デザイン案と合わないため取り替える必要があります。❹同様に、床は現在の暗い色の木材の代わりにタイル敷きにし、❻ドアや窓枠とともに全ての壁を塗りなおさなければなりません。❼インテリアデザイナーのシャウナ・クロンビーが提案した食事エリアを拡張する案については、まだ彼女と協議中です。

この仕事に興味がありましたら是非ご連絡ください。それに応じて、詳細をお送りします。

どうぞよろしくお願い申し上げます。

メイヴ・モルソン
オーク・チェリー・レストラン

ブロックハウス・コントラクターズ
2月22日の会議議事録

出席者：　アルフレッド・クルベロ（プロジェクトリーダー）、マイケル・カーネギー、ジュード・ヴィラロボス、イライザ・バーンズ、ローガン・ケーン、ミランダ・パークス（書記）
テーマ：　オーク・チェリー・レストランプロジェクトの最新情報

➢ マイケルが電気系統の作業について説明した。彼のチームは建物の配線替えを完了したが、新しい照明器具やスイッチの取付けは塗装が終わるまで待つ必要があると述べた。

➢ ❽ジュードは、食事エリアを広げるため壁を撤去した後にたまっていた瓦礫が先週きちんと片付いたと伝えた。

➢ イライザは、トロントの納入業者が発送日を誤解していたため、取り替え用のタイルがまだ届いていないことを報告した。この遅れによりプロジェクトの期限を守れないかもしれないと付け加えた。

➢ ⓫ローガンは後方のテラスの問題について情報を伝えた。テラスを完成させるために必要な厚板がいくつか破損していたが、交換のために既に返品済みである。⓬デッキは生演奏ができる唯一の場所だと聞いているため、特に注意する必要がある。

特に現在顧客は一切売上を生み出せない状況に置かれていることから、❾プロジェクトリーダーは締切りに関する顧客の期待に応える必要性を強調して会議は終了した。

新オーク・チェリー・レストランへ是非お越しください！

歴史的建造物であるラヴィーン橋のたもとにあるオーク・チェリー・レストランは、再びお客さまをお迎えする準備が整いました！　4月1日午前10時に開始するオープン記念イベントをお見逃しなく。❿おいしい食事と無料のお飲み物、そして午後6時からは地元音楽バンドのザ・デリックスによる生演奏をご用意しておりますので、ぜひ当店で楽しい1日をお過ごしください。

Q79. 正解 (A)　　正答率 ▸▸ 80%

3ステップ解説

STEP1 メールの主な目的を答える問題。

STEP2 Molson さんはメールの第1段落冒頭文でフランス料理店（Oak Cherry Restaurant）の共同経営者になった旨 Curbelo さんに伝えたうえで、続く第2文 In order to boost our revenue, we have decided to convert it into a modern dining place with a fashionable atmosphere.（和訳❶）で、レストランの改修について切り出し、Below is just a brief summary of what refurbishments we have in mind.（和訳❷）で第1段落を締めくくって、第2段落の改修の詳細説明へとつなげている。

STEP3 よって、(A) が正解。a brief summary of what refurbishments we have in mind（当店が検討している改修の簡単な概要）が **a series of planned changes**（**一連の変更予定**）で、a French restaurant が a structure（構造物）でそれぞれ言い換えられている。

設問の訳 **79.** メールの主な目的は何ですか？
(A) 構造物に対する一連の変更案の概要を伝えること
(B) 財務戦略について専門家に相談すること
(C) 施設の一時的な閉鎖について詳述すること
(D) レストラン経営者の変更を知らせること

Q80. 正解 (C)　　正答率 ▸▸ 41%

3ステップ解説

STEP1 交換が必要なものを答える問題。

STEP2 メールの第2段落4～6行目を見ると、The upholstery of the furniture shows significant signs of wear and tear and, anyway, does not fit our idea for the new décor, so it will have to be replaced.（和訳❸）とあるので、**signs of wear and tear**（**摩耗の兆候**）が大いにある **upholstery of the furniture**（**家具の張り布**）は交換の必要があることがわかる。また、その直後に Similarly, we need tiles for the floor instead of the dark wood we currently have（和訳❹）とあるので、濃い色の木の床からタイルに張替える必要もあることがわかる。

STEP3 このうち、後者に該当する (C) が正解。メールの第2段落冒頭文 The plumbing system has already been fully replaced because clogged pipes and leaking taps had caused so many problems.（和訳❺）から、**clogged pipes**（**詰まったパイプ**）の問題は解消されていると考えられるので、(A) は不正解。worn tabletops

（擦り切れた天板）の交換については記載がないので、(B) も不正解。また、メールの第2段落下から4〜5行目に all the walls, as well as door and window frames, must be repainted（和訳❻）とあるが、ドア枠に必要な作業は交換ではなくペンキの塗り替えなので、(D) も不正解。

設問の訳 **80.** メールによると、何が取り換えられましたか?
(A) 詰まったパイプ　(B) すり減った天板
(C) 木の床　(D) ドアの枠

スコアアップのポイント
upholstery（〔椅子やソファーなどの〕張り布 = material used to cover chairs）と reupholstery（布の張り替え、布張りの修理）は、主に Part 7 に登場します。**upholstery colors**（**張り地の色**）、**upholstery options**（**張り布の選択肢**）、**reupholstery service**（**布の張替えサービス**）といったフレーズで押さえておきましょう。

Q81. 正解 (B)　正答率 ▸▸ 64%

3ステップ解説

STEP1 Crombie さんについて推測できることを答える問題。

STEP2 メールの第2段落最終文 We are still under discussion with our interior designer, Shauna Crombie, about her proposal on the expansion of our dining area.（和訳❼）から、Crombie さんはインテリアデザイナーとして、Oak Cherry Restaurant の飲食スペースを拡張する提案をしていることがわかる。一方、議事録の上から2つ目の ➢ に、Jude said that the debris that had accumulated after removing some walls to enlarge the dining area was successfully disposed of last week.（和訳❽）とあり、飲食スペースの拡張工事が実際に行われていることから、Crombie さんの提案は採用されたと考えられる。

STEP3 よって、(B) が正解。her proposal on the expansion of our dining area を her idea on an interior layout と言い換えている。debris（瓦礫、破片）はスコアアップに欠かせない単語なので、**dispose of the debris**（**瓦礫を処分する**）というフレーズで押さえておくとよい。

設問の訳 **81.** クロンビーさんについて何が示唆されていますか?
(A) 飲食店の共同経営者だ。
(B) 内装のレイアウトに関する彼女の案が通った。
(C) 建設会社のプロジェクトチームに加わった。
(D) 彼女のデザインはレストランのスタッフに人気がある。

Q82. 正解 (A)　　正答率 ▸▸ 52%

3ステップ解説

STEP1 締め切りを守ることの重要性を強調した人を答える問題。

STEP2 議事録の最終文に The meeting concluded after the project leader stressed the need to fulfill our client's expectations on the due date（和訳❾）とあるので、**due date**（**締め切り**）を守ることを強調したのはプロジェクトリーダーだとわかる。一方、議事録の Attendees:（出席者）欄の Alfred Curbelo (Project Leader) から、プロジェクトリーダーは Curbelo さんだとわかる。

STEP3 よって、(A) が正解。

設問の訳 **82.** 議事録によると、締切りを守る重要性を強調した人は誰ですか?
(A) アルフレッド・クルベロ　(B) ジュード・ヴィラロボス
(C) イライザ・バーンズ　(D) ローガン・ケーン

Q83. 正解 (D)　　正答率 ▸▸ 70%

3ステップ解説

STEP1 The Derricks が4月1日の晩に演奏する場所を推測して答える問題。

STEP2 広告を見ると、Don't miss our grand opening event starting at 10 A.M. on April 1. に続く最終文に、Join us for a day of fun, complete with delicious meals, free beverages, and live music from 6:00 P.M. by the local band The Derricks!（和訳❿）とあるので、地元のバンドである The Derricks は4月1日の晩に Oak Cherry Restaurant で演奏することがわかる。一方、議事録の一番下の ➢ を見ると、冒頭文 Logan informed us of a problem with the rear patio.（和訳⓫）、および最終文 We have to take special care of the deck, since we heard it would be the sole place for live entertainment.（和訳⓬）から、Oak Cherry Restaurant で生演奏できる **the sole place**（**唯一の場所**）は **rear patio**（**後方のテラス**）だとわかるので、The Derricks はそのデッキの上で演奏すると考えられる。

STEP3 よって、(D) が正解。patio（中庭、テラス = a flat hard area near a house, where people sit outside）は Part 1（写真描写問題）でも出題されるので、インターネットの画像検索で出てくる写真のイメージで覚えておくとよい。

設問の訳 **83.** ザ・デリックスは 4 月 1 日の夜におそらくどこで演奏しますか?
(A) 食堂　(B) ルーフバルコニー
(C) 歴史のある橋の上　(D) 屋外デッキ

TOEICのリスニングセクション、リーディングセクションのどちらにも登場する可能性があるcomplete with（～を完備した、～付きの = having particular equipment or features）は、**an accommodation complete with an indoor pool**（**屋内プールを完備した宿泊施設**）や**a guest room complete with antique furnishings**（**アンティーク家具付きの客室**）といったフレーズで押さえておきましょう。

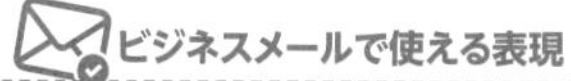

In order to boost our revenue, we have decided to ～.
（当社の収益を押し上げるために、～することに決めました。）

Below is just a brief summary of ～ we have in mind.
（下記は当社が検討している～の簡単な概要です。）

I will send a detailed description accordingly.
（それに応じて、詳細な説明を送らせていただきます。）

〈人物〉 followed up on the 〈事柄〉.
（〈人物〉が〈事柄〉について追加の情報を伝えてくれました。）

The delay might lead to missing the project deadline.
（その遅れは、プロジェクトの期限を逃すことにつながりかねません。）

キーワードをチェック!!

50

★	□credentials	クリデンシャルズ [kridénʃəlz]	名 複 資格、経歴
★	□assume	アスーム [əsúːm]	動 他 ①(〜だと)想定する、見なす ②(責任など)を負う、引き受ける
	□needy	ニーディ [níːdi]	形 貧しい
★	□mentor	メントア [méntɔːr]	名 C 助言者、指導者 動 他 〜を指導する
★	□enclosure	インクロウジャー [inklóuʒər]	名 C ①囲われた地域　②同封物 UC (土地などを)囲うこと
★	□implement	インプレメント [ímpləment]	動 他 〜を実施する
★	□exceptional	イクセプシャナル [iksépʃənəl]	形 ①普通ではない、例外的な ②(能力などが)並外れた 同 outstanding
★	□commemorate	カメマレイト [kəmémərei t]	動 他 ①〜を祝う、記念する ②(故人など)を偲ぶ
★	□gratitude	グラティテュード [grǽtituːd]	名 UC 感謝の気持ち
	□engraved	イングレイヴド [ingréivd]	形 (文字などが)刻まれた
★	□be dedicated to 〜		〜に捧げて、〜に尽力して
★	□attribute A to B		AをBのせいにする、AをBのおかげだと考える
★	□as a token of 〜		〜のしるしとして
	□chip in 〜		①(会話などに)割り込む ②お金を出し合う、カンパする
	□no later than 〜		遅くとも〜までに
★	□get settled		(新しい環境などに)落ち着く
★	□enroll in 〜		①(プログラムなど)に登録する ②(大学など)に入学する

意識すべきポイントをチェック!!

Questions **84-88** refer to the following **letter** and **e-mails**.

letter

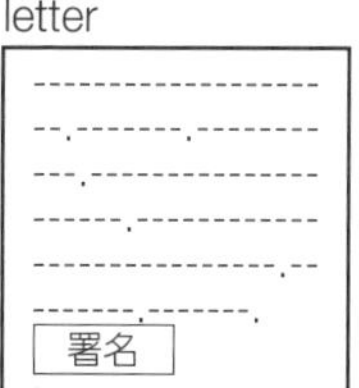

e-mail

e-mail

❸ **設問文**の確認

84. In the letter, the word "**XXXXX**" in paragraph 1, line 4, is closest in meaning to
85. **What ... most likely ...?**

Point **設問で問われている内容(要点)を記憶**する(最初の2問のみ)。設問84は**同義語問題**なので **P23 のポイントを意識**する。設問85は **suggested が使われているので推測して答える**。

まずは手紙の第1段落を読んで、同義語問題の設問84にトライ! そのあと、手紙の残りの段落を全て読んで設問85にトライする。

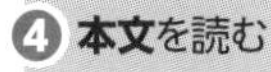

letter

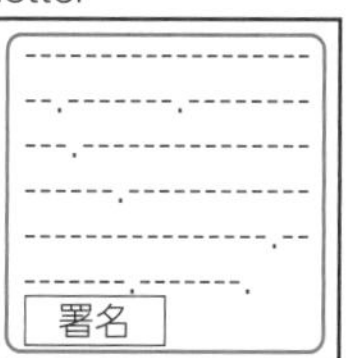

e-mail

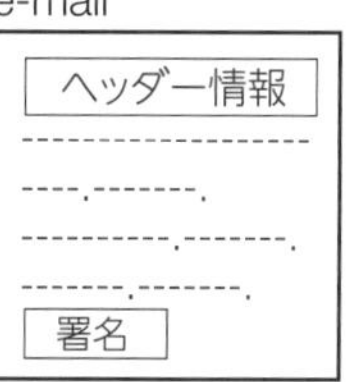

e-mail

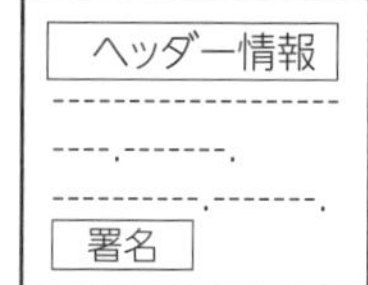

戦略に沿って本文を読み進める

❺ **選択肢**の確認

Point 本文の内容の言い換えや誤答の選択肢のひっかけに注意しながら**設問84, 85の選択肢をチェックして正解を判断**する。

解答欄にマークする。

※設問86〜88についても、同様に❸〜❻を繰り返す(❹で読む文書は先に進める)
※複数の文書の情報を紐づけて解答するクロスリファレンス問題に注意する。

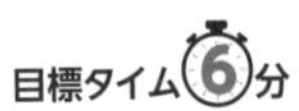

Questions 84-88 refer to the following letter and e-mails.

August 3

Alan Lam
50 Copeland Drive
Durham, NC 27713

Dear Mr. Lam,

After careful review of your credentials and a series of interviews with us, we are pleased to offer you an associate manager position in our organization. As explained during the interviews, you are expected to assume responsibility for the mission of helping needy children across the nation.

I am enclosing some documents that you should complete, sign, and bring with you on September 1, your first day with us. Please report to Brittany Wong in the personnel department at 9:00 A.M. and she will explain the company benefits and work conditions in detail. Following the brief orientation, she will provide you with an access card you can use when entering and leaving the building until you receive your employee identification badge at a later date. At 10:30, your mentor, Howard Farley, will escort you to your department.

Please let me know if you have any questions or need directions. We look forward to working with you.

Yours sincerely,

Sienna Gaines
Assistant Director of Human Resources
Kids IT Future

Enclosures

To:	Quality Control Staff
From:	Raquel Benedi
Subject:	Alan's Departure
Date:	August 5

Hello, Team,

As you may have heard, Alan Lam is leaving at the end of the month for a new job in North Carolina. His time here has been dedicated to implementing product development procedures for our appliances to meet the highest quality and efficiency standards. I attribute a significant part of our low product defect rate over the years to his tireless work and exceptional analytical and problem-solving abilities.

I'd like to organize a small going-away party in the company cafeteria on his last day at the office. Let's say goodbye and offer our best wishes to Alan. In order to commemorate his time with the company, I suggest presenting him with a retirement gift as a token of our gratitude. Those going along with my idea should drop by my desk to chip in no later than August 15.

Regards,

Raquel Benedi
Salberon Group

To:	Raquel Benedi <rbenedi@salberongroup.com>
From:	Alan Lam <alam@imail.com>
Subject:	Thank you
Date:	August 30

Dear Ms. Benedi,

Thank you for holding the heartwarming party for me yesterday. I was really glad to receive the fountain pen with my name engraved on it. Please give my best regards to everyone.

I'll e-mail you again once I get settled.

Sincerely,

Alan Lam

84. In the letter, the word "assume" in paragraph 1, line 4, is closest in meaning to

(A) adopt
(B) imagine
(C) undergo
(D) take on

○ △ ×
1回目 □□□ 2回目 □□□ 3回目 □□□

85. What will Mr. Lam most likely do on September 1?

(A) Meet with a personnel director
(B) Use a security pass
(C) Receive an employee identification card
(D) Sign relevant documentation

○ △ ×
1回目 □□□ 2回目 □□□ 3回目 □□□

86. What is suggested about Mr. Lam?

(A) He decided to pursue a new career in a different industry.
(B) He accepted the transfer to a branch in North Carolina.
(C) He had little opportunity for advancement in Salberon Group.
(D) He enrolled in an educational program in Kids IT Future.

○ △ ×
1回目 □□□ 2回目 □□□ 3回目 □□□

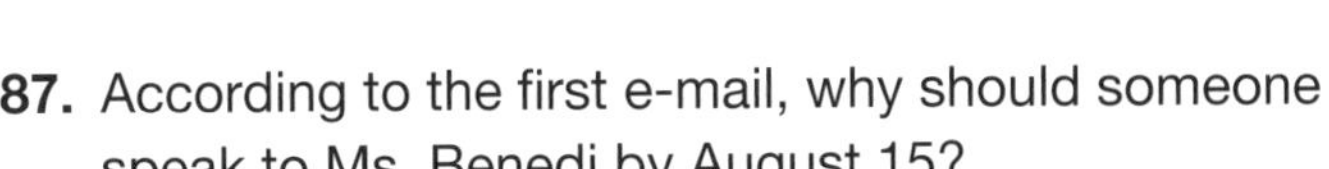

87. According to the first e-mail, why should someone speak to Ms. Benedi by August 15?

(A) To suggest a plan
(B) To sign up for an event
(C) To discuss a venue
(D) To contribute some money

○△× 1回目 □□□ 2回目 □□□ 3回目 □□□

88. What is indicated about the farewell party?

(A) It was held in an in-house dining area on August 30.
(B) A personalized item was handed to an outgoing colleague.
(C) Attendees enjoyed a catered buffet free of charge.
(D) All of the team members showed up to celebrate an occasion

○△× 1回目 □□□ 2回目 □□□ 3回目 □□□

84-88番は次の手紙と2通のメールに関するものです。

8月3日

アラン・ラム
コープランド通り50番地
ノースカロライナ州ダーラム27713

ラム様

貴方の経歴や一連の面接について十分に検討した結果、弊社のアソシエイトマネージャー職を喜んでオファーいたします。❸面接の際にご説明した通り、貴方には全国の恵まれない子供たちを支援する任務を担っていただくことが期待されております。

❷ご記入とご署名を済ませた上で初出社日の9月1日にお持ちいただく書類を同封いたします。午前9時に人事部のブリタニー・ウォンのところにお越しいただき、会社の労働条件や福利厚生に関する詳しい説明をお聞きください。❶簡単なオリエンテーションの後、後日社員証を受け取るまで建物の入退館時に利用できるアクセスカードをお渡しします。10時30分には指導係のハワード・ファーレイが貴方の所属部署まで案内します。

ご不明な点や案内が必要なことがあればご連絡ください。仕事でご一緒できることを楽しみにしております。

よろしくお願いいたします。

シエナ・ゲインズ
人事副部長
キッズ IT フューチャー社

同封物あり

宛先：	品質管理スタッフ
送信者：	ラクエル・ベネディー
件名：	アランの門出
日付：	8月5日

チームの皆さま

❹すでに聞いているかもしれませんが、アラン・ラムさんがノースカロライナで新しい仕事に就くため、今月末に退職されます。❺彼には当社で最高の品質基準と効率基準を満たすため、電化製品の製品開発手順の導入にご尽力いただきました。長年にわたって当社の製品の不良率が低いのは、彼の根気強い仕事ぶりや秀でた分析力、問題解決能力による部分が大きいと考えています。

❽彼の最終出社日に会社のカフェテリアでささやかな送別会を催したいと思います。アランにお別れの挨拶をして今後のご活躍をともに祈りましょう。❻彼が当社で過ごした時間を記念し、感謝の印として退職祝いの品を贈りたいと思います。❼ご賛同いただける方は、8月15日までに私のデスクにお立ち寄りの上、カンパをしていただければと思います。

よろしくお願いいいたします。

ラクエル・ベネディー
サルベロン・グループ

宛先：	ラクエル・ベネディー <rbenedi@salberongroup.com>
送信者：	アラン・ラム <alam@imail.com>
件名：	ありがとうございました
日付：	8月30日

ベネディー様

昨日は心温まる送別会を開いていただきありがとうございました。❾私の名前が刻まれた万年筆をいただいて、とても嬉しかったです。皆さまにどうぞよろしくお伝えください。

落ち着いたらまたご連絡いたします。

アラン・ラム

Q84. 正解 (D) 正答率 ▸▸ 63%

3ステップ解説

STEP1 本文で使われているassumeに最も意味が近いものを答える問題。

STEP2 assumeには「①（～だと）想定する、見なす、②（責任など）を負う、引き受ける」という意味があるが、ここでは目的語がresponsibility for the mission of helping needy children across the nation（全国の恵まれない子供たちを支援する任務に対する責任）なので、②の意味で使われていると考えられる。

STEP3 よって、同じ意味を持つ(D)の **take on**（**〔仕事など〕を引き受ける、〔責任など〕を負う**）が正解。(A)のadoptは「（考えなど）を採用する」、(B)のimagineは「～を想像する」、(C)のundergoは「①（変化など）を経験する、②（検査、治療、研修など）を受ける」という意味。

設問の訳 **84.** 手紙の第1段落4行目にあるassumeに最も意味の近い語は?
(A) 採用する (B) 想像する
(C) 経験する (D) 引き受ける

スコアアップのポイント

同義語問題では句動詞の知識が問われることもあります。句動詞とは①「動詞＋前置詞」、②「動詞＋副詞」、③「動詞＋副詞＋前置詞」のように動詞を前置詞や副詞と組み合わせて、2語や3語で1つの動詞のように働くものです。①はturn in（〔文書など〕を提出する）、②はtake over（〔仕事など〕を引き継ぐ）、③はcome up with（〔アイディアなど〕を考え出す、思いつく）といった例が挙げられます。こうした句動詞の知識はリーディングセクションだけでなくリスニングセクションも得点源に変えますので、**turn in a receipt**（**レシートを提出する**）、**take over some accounts**（**いくつか得意先を引き継ぐ**）、**come up with several different ideas**（**異なるいくつかのアイディアを考え出す**）といったフレーズのかたちで1つ1つ着実に覚えていくようにしましょう。

Q85. 正解 (B) 正答率 ▸▸ 48%

3ステップ解説

STEP1 Lamさんが9月1日にするであろうことを答える問題。

STEP2 Lamさんの9月1日のスケジュールが記載されている手紙の第2段落4～7行目を見ると、Following the brief orientation, she will provide you with an access card you can use when entering and leaving the building until you receive your employee identification badge at a later date.（和訳❶）とあり、sheは1つ前の文に登場する人事部のWongさんを指すので、Lamさんは9月1

日にWongさんからアクセスカードを受け取り、建物の入退室時に使用すると考えられる。

STEP3 よって、(B)が正解。access cardをsecurity passと言い換えている。社員証については上記1文に**at a later date**（**後日**）受け取るとあるので、(C)は不正解。また、手紙の第2段落2〜3行目のPlease report to Brittany Wong in the personnel department at 9:00 A.M.から、Wongさんは人事部所属だということはわかるが、**personnel director**（**人事部長**）であるかどうかはわからないので、(A)も不正解。さらに、手紙の第2段落冒頭文にI am enclosing some documents that you should complete, sign, and bring with you on September 1, your first day with us.（和訳❷）とあるが、これは9月1日に署名が必要な書類を同封すると伝えているわけではなく、署名したうえで9月1日に持ってきてほしい書類を同封する旨伝えているので、(D)も不正解。

設問の訳 **85.** ラムさんは9月1日におそらく何をしますか?

(A) 人事部長に会う (B) セキュリティーパスを利用する

(C) 社員証を受け取る (D) 関連書類に署名する

Q86. 正解 (A) 正答率 ▸▸ 71%

3ステップ解説

STEP1 Lamさんについて推測できることを答える問題。

STEP2 Kids IT FutureのGainesさんが書いた手紙の第1段落最終文As explained during the interviews, you are expected to assume responsibility for the mission of helping needy children across the nation.（和訳❸）から、LamさんはKids IT Futureで全国の**needy children**（**恵まれない〔貧しい〕子供たち**）を救済する仕事を行うことがわかる。一方、Salberon GroupのBenediさんが品質管理スタッフ宛に書いた1通目のメールの第1段落冒頭文As you may have heard, Alan Lam is leaving at the end of the month for a new job in North Carolina.（和訳❹）から、LamさんはSalberon Groupを辞めてKids IT Futureに転職することがわかる。また、続く第2文His time here has been dedicated to implementing product development procedures for our appliances to meet the highest quality and efficiency standards.（和訳❺）から、LamさんはSalberon Groupで電化製品の製品開発手順を導入する業務に携わっていたことがわかる。

STEP3 以上より、Lamさんは別の業界への転職に踏み切ったと考えられるので、それを**pursue a new career**（**新しいキャリアを追求する**）というフレーズを使って言い表している、(A) が正解。

設問の訳 **86.** ラムさんについて何が示唆されていますか?
(A) 別の業界で新しいキャリアを追求することにした。
(B) ノースカロライナにある支店への転勤を受け入れた。
(C) サルベロン・グループでは昇進できる機会がほとんどなかった。
(D) キッズ IT フューチャーの教育プログラムに登録した。

Q87. 正解 (D) 正答率 ▸▸ 68%

3ステップ解説

STEP1 8月15日までに Benedi さんに話しかけるべき理由を答える問題。

STEP2 1通目のメールの第2段落冒頭文で Benedi さんは Lam さんの送別会を企画する旨伝えた上で、In order to commemorate his time with the company, I suggest presenting him with a retirement gift as a token of our gratitude. (和訳❻) と、送別の品を渡すことを提案している。それを踏まえて同段落最終文 Those going along with my idea should drop by my desk to chip in no later than August 15. (和訳❼) で、8月15日までにカンパのお金を持参するようスタッフに促している。

STEP3 よって、(D) が正解。**chip in**（**お金を出し合う、カンパする**）を **contribute some money**（**いくらか寄付する**）で言い換えている。

設問の訳 **87.** 最初のメールによると、一部の人が8月15日までにベネディーさんに話しかけるべきなのはなぜですか?
(A) 企画を提案するため
(B) イベントに申込むため
(C) 会場について話し合うため
(D) 寄付をするため

スコアアップのポイント

「commemorate = com（共に）+memo(r)（心、記憶）+ate（動詞の語尾)」であることからもわかるように、みんなで集まって出来事を記憶することから commemorate は「①～を祝う、記念する、②（故人など）を偲ぶ」という意味を表します。また、**as a token of one's gratitude [appreciation]**（**感謝のしるしとして**）というフレーズは TOEIC に頻出します。この token（〔気持ちなどを表す〕しるし = something that represents a feeling）は sign と言い換え可能であるということも覚えておきましょう。

Q88. 正解 (B) 正答率 ▸▸ 81%

3ステップ解説

STEP1 送別会について言えることを答える問題。

STEP2 2通目のメールの冒頭文 Thank you for holding the heartwarming party for me yesterday. の **heartwarming party**（**心温まるパーティー**）とは、1通目のメールの第2段落冒頭文 I'd like to organize a small going-away party in the company cafeteria on his last day at the office.（和訳❽）で Benedi さんがスタッフに伝えた **going-away party**（**送別会**）のことだと考えられる。また、2通目のメールの第 2 文 I was really glad to receive the fountain pen with my name engraved on it.（和訳❾）の **fountain pen**（**万年筆**）は、1通目のメールの第2段落4行目で I suggest presenting him with a retirement gift と Benedi さんが提案している Lam さんへの retirement gift だと考えられるので、Lam さんは送別会で自分の名前入りの万年筆を送別品としてプレゼントされたことがわかる。

STEP3 よって、(B) が 正 解。the fountain pen with my name engraved on it を **a personalized item**（**名前入りの品物**）と言い換えている。engraved は「(文字などが) 刻まれた」という意味。2通目のメールの送信日 August 30 と冒頭文 Thank you for holding the heartwarming party for me yesterday. から、送別会は8月29日に行われたことがわかるので、(A) は不正解。送別会で出された料理や参加費については本文に記載がないので、(C) を選ぶことはできない。品質管理のメンバーが全員送別会に参加したかどうかは不明なので、(D) も不正解。

設問の訳 **88.** 送別会について何が示されていますか?
(A) 8 月 30 日に社内の食事スペースで開かれた。
(B) 名前入りの品物が退職する同僚に贈られた。
(C) 出席者は無料でケータリングのビュッフェを堪能した。
(D) 特別な機会を祝うためにチームメンバー全員が顔を出した。

ビジネスメールで使える表現

I am enclosing some documents that you should complete, sign, and bring with you on 〈日付〉.
(記入と署名を済ませた上で〈日付〉にお持ちいただきたい書類を同封いたします。)

Please let me know if you have any questions or need directions.
(何か不明な点や案内が必要なことがあればご連絡ください。)

Please give my best regards to everyone.
(皆さまにどうぞよろしくお伝えください。)

I'll e-mail you again once I get settled.
(落ち着いたらまたご連絡いたします。)

CHAPTER 1 CHAPTER 2 CHAPTER 3

キーワードをチェック!!

52

★	□ establishment	イスタブリシュメント [istǽbliʃmənt]	名 C 施設、機関　UC 設立すること
	□ marvelous	マーヴェラス [mɑ́ːrvələs]	形 驚くほど素晴らしい
	□ lush	ラッシュ [lʌ́ʃ]	形 ①(植物などが)生い茂った、緑豊かな　②豪華な
	□ courtyard	コーテャード [kɔ́ːrtjɑːrd]	名 C (塀に囲まれた)中庭
★	□ snack	スナック [snǽk]	名 C 間食、軽食
	□ expansive	イクスパンスィヴ [ikspǽnsiv]	形 ①(場所が)広大な ②(性格が)開放的な
★	□ distinctly	ディスティンクトリィ [distíŋktli]	副 はっきりと、明確に
	□ await	アウェイト [əwéit]	動 他 ～を待つ
★	□ milestone	マイルストウン [máilstoun]	名 C ①道しるべ　②画期的な出来事
	□ presence	プレゼンス [prézəns]	名 UC ①存在すること、存在感 ②出席
★	□ drawing	ドローイング [drɔ́ːiŋ]	名 C ①線画、スケッチ　②くじ引き UC (鉛筆などで)絵を描くこと
★	□ overnight	オウヴァーナイト [ouvərnáit]	副 ①一晩中　②一夜にして 形 ①夜通しの　②一晩の、一泊の ③(荷物などが)翌日配送の
★	□ courteous	カーティアス [kə́ːrtiəs]	形 礼儀正しい
★	□ waived	ウェイヴド [wéivd]	形 ①(権利などが)放棄された ②(料金などが)免除された
★	□ be slated to ～		～する予定である
	□ on top of ～		～に加えて

意識すべきポイントをチェック!!

❶ 設問数&文書タイプの確認

Questions **89-93** refer to the following **article**, **notice**, and **online review**.

❷ レイアウトの確認

article

タイトル

notice

タイトル

online review

評価

❸ 設問文の確認

89. **What** is **the purpose** of the article?
90. According to the article, **what** ...?

Point **設問で問われている内容(要点)を記憶**する(最初の2問のみ)。設問89は**the purpose**なので**P23のポイントを意識**する。設問90も1つ目の文書（記事）からの出題であることを認識する

戦略 まずは記事を全て読んで設問89, 90にトライ!

❹ 本文を読む

article　notice　online review

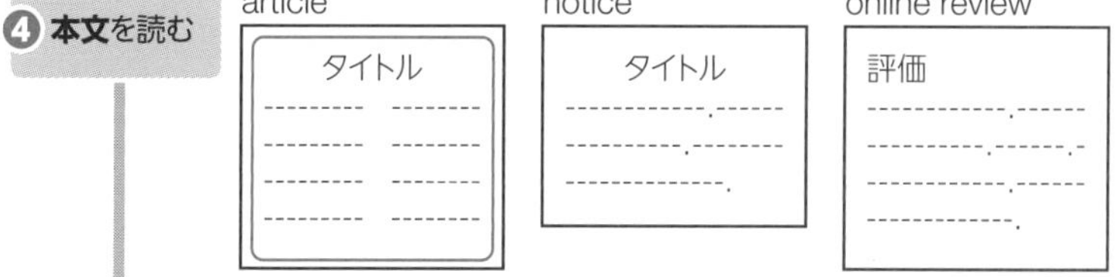

記事をすべて読む

Point 設問で問われている内容を念頭に、内容を記憶しながら読み進める。

❺ 選択肢の確認

Point 本文の内容の言い換えや誤答の選択肢のひっかけに注意しながら**設問89, 90の選択肢をチェックして正解を判断**する。

❻ 解答する

解答欄にマークする。

※設問91～93についても、同様に❸～❻を繰り返す（❹で読む箇所〔文書〕は先に進める）

※**複数の文書の情報を紐づけて解答するクロスリファレンス問題に注意**する。

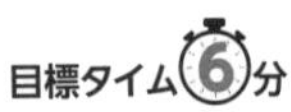

Questions 89-93 refer to the following article, notice, and online review.

New Hotel to Open in Busan

Busan (April 12)—Estbury Hotel Group (EHG) announced yesterday that Estbury Regency Busan, the group's second establishment in South Korea, is slated to open on May 15.

The hotel will contain 22 stylish suites, all of which feature spacious balconies with marvelous views either of the sea or the hotel's lush courtyard. The suites will also come with free breakfast, evening drinks, and snacks. Apart from the expansive dining space on the ground floor, the distinctly designed Korean restaurant Hana will await guests on the rooftop.

"The launch of a new Estbury hotel in South Korea marks an important milestone as EHG expands its presence in the Asia-Pacific region," said general manager Young-hee Kung, former assistant manager at Estbury Regency Seoul.

For more information and reservations, visit www.estburyregencybusan.com.

Special Campaign for BBA Members

The Busan Business Association (BBA) is holding a special renewal campaign! Renew your membership by April 30, and you will be entered into a drawing for gorgeous prizes. First prize is an overnight stay at the Estbury Regency, which opened here in Busan in June. Other prizes include a coupon for a complimentary dinner at the restaurant and admission tickets to the Busan Shipbuilding Museum. For more information, visit our Web site at www.bba.co.kr/members.

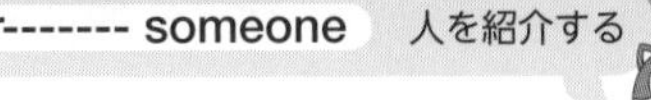

http://www.travellovers.com/reviews

Estbury Regency Busan

Review posted by Nestor Marasco

I stayed at this newly-opened hotel from June 10 to June 13 to attend an annual BBA conference. I can say that my experience there was excellent. The staff members were always courteous, and even the smallest request was taken care of promptly. My balcony view of the sea was perfect. On top of that, the food in the hotel restaurants was delicious. Finson's Grill I dined at on the first day and Hana on the last night of my stay were especially good. All in all, I had a very satisfying time and will recommend this place to my friends and colleagues.

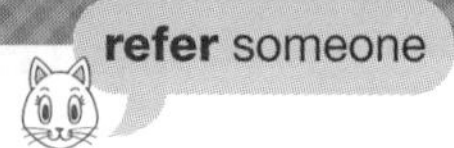

89. What is the purpose of the article?

(A) To describe recent tourism trends in Busan
(B) To announce job openings at a hotel
(C) To profile several local companies
(D) To report on a business expansion

○ △ × ○ △ × ○ △ ×
1回目 □□□ 2回目 □□□ 3回目 □□□

90. According to the article, what does EHG plan to do in the future?

(A) Launch another hotel in South Korea
(B) Establish its brand in a certain area
(C) Expand into a new industry
(D) Develop a partnership with other hotels

○ △ × ○ △ × ○ △ ×
1回目 □□□ 2回目 □□□ 3回目 □□□

91. What is suggested in the notice?

(A) The hotel did not open as scheduled.
(B) BBA members are required to renew their membership annually.
(C) A shipbuilding museum has recently opened in Busan.
(D) A renewal form is downloadable from a Web site.

○ △ × ○ △ × ○ △ ×
1回目 □□□ 2回目 □□□ 3回目 □□□

92. What prize may be awarded to BBA members who renew their membership by the end of April?

(A) Tickets to a local theater
(B) Waived membership fees
(C) A two-night stay at a new hotel
(D) A voucher for a free meal

○ △ × ○ △ × ○ △ ×
1回目 □□□ 2回目 □□□ 3回目 □□□

93. When did Mr. Marasco most likely eat at a rooftop restaurant?

(A) On June 10
(B) On June 11
(C) On June 12
(D) On June 13

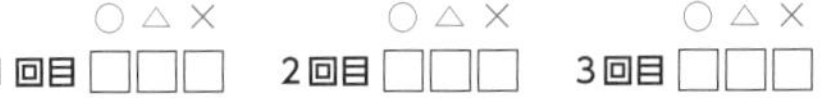

89-93番は次の記事、お知らせ、オンラインレビューに関するものです。

新しいホテルが釜山にオープン

釜山（4月12日）—❶昨日、エストベリー・ホテル・グループ（EHG）は、韓国で２つ目のホテルとなるエストベリー・リージェンシー釜山を5月15日に開業する予定であると発表した。

同ホテルには上品なスイートルームが22室あり、海または緑豊かな中庭いずれかの素晴らしい眺めが楽しめる広々としたバルコニーを特長としている。また、スイートルームには無料の朝食、夜のドリンク、軽食が付いている。1階の開放的な食事スペースの他に、❺特徴的にデザインされた韓国料理レストランのハナが屋上でお客様の来店を待ち構える。

❷「韓国での新しいエストベリー・ホテルの開業は、EHG がアジア太平洋地域で存在感を高める上で重要な節目となります」と、ホテル総支配人で、エストベリー・リージェンシー・ソウルの元副支配人のヤンヒー・クンは述べた。

詳細情報と予約については、www.estburyregencybusan.com でご確認ください。

BBA 会員様のための特別キャンペーン

釜山ビジネス協会 (BBA) は、特別更新キャンペーンを実施いたします！ 4月30日までに会員登録を更新すると、豪華な賞品が当たる抽選にエントリーされます。❸1等は6月に釜山にオープンしたエストベリー・リージェンシーでのご宿泊です。❹他にも、同ホテルのレストランでご利用いただけるお食事無料券や釜山造船博物館の入館チケットといった賞品がございます。詳しい情報につきましては、当協会のウェブサイト www.bba.co.kr/members にアクセスしてください。

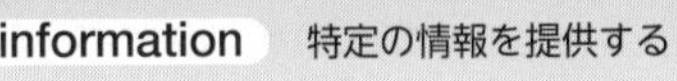

  http://www.travellovers.com/reviews 

★★★★★

エストベリー・リージェンシー釜山

レビュー投稿者　ネスター・マラスコ

❻私はBBA年次会議に出席するため、新たにオープンしたホテルに6月10日から6月13日まで宿泊しました。ホテルでの体験は素晴らしかったです。スタッフはいつも丁寧で、些細なお願いごとも迅速にご対応いただきました。バルコニーからの海の眺めは完璧でした。何よりも、ホテルのレストランでの食事がおいしかったです。❼初日に食事をしたフィンソンズ・グリルと宿泊最後の夜に利用したハナは特によかったです。概して、とても満足できる時間を過ごせたので、友人や同僚にこのホテルを薦めるつもりです。

Q89. 正解 (D) 　　正答率 ▸▸ 78%

3ステップ解説

STEP1 記事の目的を答える問題。

STEP2 記事のタイトル New Hotel to Open in Busan、および第1段落の1文 Estbury Hotel Group (EHG) announced yesterday that Estbury Regency Busan, the group's second establishment in South Korea, is slated to open on May 15.（和訳❶）から、この記事はEHGが韓国に2軒目となるホテルを開業する旨を伝える記事だとわかる。

STEP3 よって、それを **business expansion**（**事業の拡大**）というフレーズを使って言い表している、(D) が正解。上記1文にある **be slated to**（**〜する予定である**）は900点以上を狙う上で必ず押さえておきたい。

設問の訳 **89.** 記事の目的は何ですか?
(A) 釜山における観光産業の最近の傾向を説明すること
(B) ホテルの求人を知らせること
(C) いくつかの地元企業を紹介すること
(D) ビジネスの拡大を報告すること

スコアアップのポイント
TOEICでは、「支店・事業所・店舗数の増加 = 事業の拡大」です。本文と選択肢の言い換えのスキーマ（背景知識）として確実に押さえておきましょう。

Q90. 正解 (B) 　　正答率 ▸▸ 67%

3ステップ解説

STEP1 EHGが将来計画していることを答える問題。

STEP2 記事の第3段落を見ると、"The launch of a new Estbury hotel in South Korea marks an important milestone as EHG expands its presence in the Asia-Pacific region," said general manager Young-hee Kung, former assistant manager at Estbury Regency Seoul.（和訳❷）とあるので、EHGはアジア太平洋地域で存在感を高めることを視野に事業計画を立てていることがわかる。

STEP3 よって、(B) が正解。**expand one's presence**（**〜の存在感を高める**）を **establish one's brand**（**〜のブランドを確立する**）で、the Asia-Pacific region を **a certain area**（**ある〔特定の〕地域**）でそれぞれ言い換えている。韓国で別のホテルを開業する計画や **expand into a new industry**（**新しい産業に進出〔事業拡大〕する**）計画、他のホテルと提携する計画については本文に記載がないので、(A)、(C)、(D) は不正解。

設問の訳 **90.** 記事によると、EHG は将来何をしようと計画していますか?
(A) 韓国で別のホテルを始める
(B) 特定の地域でブランドを確立する
(C) 新しい産業に進出する
(D) 他のホテルと提携する

Q91. 正解 (A) 正答率 ▸▸ 56%

3ステップ解説

STEP1 お知らせから推測できることを答える問題。

STEP2 BBA の更新キャンペーンについて書かれたお知らせの第2文に、First prize is an overnight stay at the Estbury Regency, which opened here in Busan in June.（和訳❸）とあるので、Estbury Regency は6月に開業したことがわかる。一方、記事の第1段落の1文 Estbury Hotel Group (EHG) announced yesterday that Estbury Regency Busan ... is slated to open on May 15.（和訳❶）から、Estbury Regency はもともと5月15日に開業予定だったことがわかる。

STEP3 よって、(A) が正解。

設問の訳 **91.** お知らせでは何が示唆されていますか?
(A) ホテルは予定通りオープンしなかった。
(B) BBA 会員は年に一度登録の更新を求められる。
(C) 造船博物館が最近釜山にオープンした。
(D) 更新用フォームをウェブサイトからダウンロードできる。

スコアアップのポイント

Part 7 の文章の中で、キャンペーン期間中に商品を購入したり会員権を更新すると、抽選会にエントリーされることがよくあります。その際よく使われる1文 **You will be entered into a drawing for 〈賞品〉.**（**あなたは〈賞品〉の抽選会にエントリーされます**）を押さえておくとスコアアップにつながります。また、900点以上を目指す上で drawing（くじ引き、抽選会）とともに raffle（ラッフルくじ）も押さえておく必要があります。ラッフルくじとは、数字が書かれたチケットを購入し、その半券を抽選箱に入れて主催者側が抽選を行う形式のくじ引きです。**raffle contest**（**くじ引きコンテスト**）や **raffle winner**（**ラッフルくじの当選者**）といったフレーズで押さえておきましょう。

Q92. 正解 (D) 正答率 ▸▸ 81%

3ステップ解説

STEP1 4月末までに会員登録を更新した BBA メンバーに与えられる可能性がある賞品を答える問題。

STEP2 お知らせの第2文 First prize is an overnight stay at the Estbury Regency, which opened here in Busan in June.（和訳❸）、お

よび第3文 Other prizes include a coupon for a complimentary dinner at the restaurant and admission tickets to the Busan Shipbuilding Museum.（和訳❹）から、4月末までに会員登録を更新したBBAメンバーには① Estbury Regency での **overnight stay**（**一泊の滞在**）、② **complimentary dinner**（**無料の夕食**）のクーポン、③ Busan Shipbuilding Museum への **admission tickets**（**入場券**）などが当たるチャンスがあるとわかる。

STEP3 このうち、②を言い換えている(D)が正解。museumとtheaterは別物なので、(A)は不正解。**waived membership fees**（**免除される会員費〔会員費の免除〕**）やホテルでの二泊の滞在は賞品として紹介されていないので、(B)、(C)も不正解。

設問の訳 **92.** 4月末までにBBA会員を更新した人にはどんな賞が当たる可能性がありますか？
(A) 地元の劇場への入場券　(B) 会員費の免除
(C) 新しいホテルでの2泊の宿泊　(D) 食事が無料になるクーポン券

Q93. 正解 (C)

正答率 ▸▸ **49**%

3ステップ解説

STEP1 Marascoさんが屋上にあるレストランで食事をした日を推測して答える問題。

STEP2 まず、記事の第2段落最終文 the distinctly designed Korean restaurant Hana will await guests on the rooftop（和訳❺）から、韓国料理レストランのHanaが屋上にあるレストランだとわかる。それを踏まえて、Estbury Regency Busanに対して5つ星の評価を付けているMarascoさんのオンラインレビューを見ると、冒頭文のI stayed at this newly-opened hotel from June 10 to June 13 to attend an annual BBA conference.（和訳❻）、および7〜9行目のFinson's Grill I dined at on the first day and Hana on the last night of my stay were especially good.（和訳❼）から、Marascoさんはホテル滞在の最後の夜である6月12日にHanaで食事をしたと考えられる。

STEP3 よって、(C)が正解。Marascoさんは6月10日から6月13日まで3泊4日でホテルに滞在したので、the first night of my stay = the night of June 10、the second night of my stay = the night of June 11、the last night of my stay = the night of June 12となる。

設問の訳 **93.** マラスコさんはおそらくいつ屋上のレストランで食事をしましたか？
(A) 6月10日　(B) 6月11日
(C) 6月12日　(D) 6月13日

For more information, visit our Web site at 〈URL〉.
(詳しい情報につきましては、当社のウェブサイト〈URL〉にアクセスしてください。)

正解一覧

	No.	正解		No.	正解		No.	正解
□□□	1	A	□□□	32	B	□□□	63	A
□□□	2	B	□□□	33	D	□□□	64	C
□□□	3	C	□□□	34	B	□□□	65	C
□□□	4	D	□□□	35	A	□□□	66	B
□□□	5	D	□□□	36	A	□□□	67	D
□□□	6	C	□□□	37	B	□□□	68	C
□□□	7	B	□□□	38	D	□□□	69	C
□□□	8	A	□□□	39	C	□□□	70	A
□□□	9	B	□□□	40	C	□□□	71	A
□□□	10	D	□□□	41	D	□□□	72	D
□□□	11	C	□□□	42	A	□□□	73	B
□□□	12	D	□□□	43	B	□□□	74	C
□□□	13	B	□□□	44	C	□□□	75	B
□□□	14	C	□□□	45	D	□□□	76	A
□□□	15	A	□□□	46	A	□□□	77	D
□□□	16	C	□□□	47	D	□□□	78	A
□□□	17	D	□□□	48	B	□□□	79	A
□□□	18	C	□□□	49	B	□□□	80	C
□□□	19	A	□□□	50	D	□□□	81	B
□□□	20	C	□□□	51	A	□□□	82	A
□□□	21	B	□□□	52	B	□□□	83	D
□□□	22	A	□□□	53	B	□□□	84	D
□□□	23	D	□□□	54	C	□□□	85	B
□□□	24	C	□□□	55	A	□□□	86	A
□□□	25	C	□□□	56	B	□□□	87	D
□□□	26	B	□□□	57	D	□□□	88	B
□□□	27	A	□□□	58	C	□□□	89	D
□□□	28	C	□□□	59	B	□□□	90	B
□□□	29	D	□□□	60	D	□□□	91	A
□□□	30	A	□□□	61	C	□□□	92	D
□□□	31	C	□□□	62	A	□□□	93	C

超人気の英語学習アプリ abceed で相乗効果！

本書は、No.1 英語教材アプリ「abceed」にも対応していますので、本とスマホの“二刀流”で、超効率的学習が実現できるのです！ やり方は超簡単！ 下記のQRコード（もしくはURL）でウェブサイトにアクセスし、スマホにアプリをダウンロードするだけ！

Android・iPhone 対応

〈無料サービス〉

① **音声機能**
本書の音声をアプリから無料でダウンロードして聴くことができる！　倍速再生、区間リピートなど、学習に便利な機能付き！

② **自動採点マークシート機能**
本書に対応したマークシートが使用できる！
自動採点もしてくれる！

③ **学習時間記録機能**
アプリを使ってどのぐらいの時間学習をしたか、
自動的に記録してくれるので、振り返りに便利！

＊使い方は、www.globeejapan.com にてご確認ください。
＊ご利用の場合は、スマートフォンにアプリをダウンロードしてください。

https://www.globeejapan.com/

*abceed は株式会社 Globee の商品です。

●著者紹介

野村 知也 Nomura Tomoya

TOEIC®指導塾X-GATE（クロスゲート）代表。海外留学経験なしにTOEIC990点、英検1級を取得。学習者一人ひとりに合ったきめ細やかな指導とサポートが受講生から好評。著書に『TOEIC® L&R TEST 長文読解問題集TARGET600』、『TOEIC® L&R TEST 長文読解問題集TARGET730』（Jリサーチ出版）、『頻度順1問1答 TOEIC® L&R テスト リーディング』（アスク出版）、共著書に『TOEIC®テスト 新形式精選模試リスニング』、『TOEIC®テスト新形式精選模試リーディング』（ジャパンタイムズ出版）、『TOEIC® L&Rテスト必ず☆でる問題 学習スタートブック』（Jリサーチ出版）がある。趣味は料理と読書。

本書へのご意見・ご感想は下記URLまでお寄せください。
https://www.jresearch.co.jp/contact/

カバーデザイン	中村 聡（Nakamura Book Design）
本文デザイン／DTP	アレピエ
英文作成	CPI Japan
英文和訳	四條 雪菜
校正	文字工房燦光
ナレーション	Jack Merluzzi　水月 優希
イラスト	田中 斉　ハルナツ／PIXTA（ピクスタ）

TOEIC® L&R TEST 長文読解問題集 TARGET 900

令和3年（2021年）11月10日　初版第1刷発行
令和4年（2022年）4月10日　第2刷発行

著　者　野村 知也
発行人　福田 富与
発行所　有限会社　Jリサーチ出版
〒166-0002 東京都杉並区高円寺北2-29-14-705
電話03(6808)8801（代）　FAX 03(5364)5310
編集部03(6808)8806
URL https://www.jresearch.co.jp
印刷所　㈱シナノ パブリッシング プレス

ISBN978-4-86392-534-2